人物叢書

新装版

毛利重就
もうりしげなり

小川國治

日本歴史学会編集

吉川弘文館

毛 利 重 就（毛利博物館所蔵）

維寳暦九年歳次己卯三月壬午朔越五日丙戌嗣
曽孫周長國主従四品下拾遺補闕大江朝臣重就
敢昭告
太祖洞春公神位恭惟吾
公仁濟生民智勇戡亂戎武惟揚大拓疆土以覇西
諸侯爾来奕世錦々歴年二百有餘載重就小子承
之
先考侯遺命叨以寡昧入継洪業于今九年國有長役
依舊大臣秉柄于上有司列職于下責皆有歸焉然
而舊邦末俗因循行事苟且為治凡百爾制度弛而
不張上下恬焉不省土崩瓦解之自也且昇平既著
虎兕日上禮貴而用不足上焉困迫蔵府向之帑庭
下焉乏先卹孤寡之俸職於是乎有司專務剛用臣
祿益損因賦亦不輕焉四民困窮社稷殆傾覆焉當
是時也厄運極矣嗣延少輔獨臣臣室世臣或童幼
而解事或病癈不任職故國徒有喬木之歎而已矣
夫大厦之當風雨革之車亡其軸來者禦之小子今
當其任何以答
祖宗之付託以備萬分之一於是一旦奮起乃舉百
年之曠典破時俗之拘攣躬親執事惟恐否德不任
負荷曁
祖宗譲重之業以傷
先考侯之明戒々懼々若蹈虎尾涉于春氷寝不安
席食不甘味與先臣廣定及二三臣併黎力拮据亘
先厚自責以率群下菲飲食悪衣服素羅遊観玩具
奇器淫巧不用薄斂厚禄振德無告之民而自謂千
乘之國陋以寡且不可以為國況少才徳之士乎夫
賢者國家之器用也乃興復學宮於舊制以励文武
道藝使大夫士國人有所矜式達才成德以供佗日之
用詩曰濟々多士文王以寧然而治々弊俗譬諸洪
水横流誰能回狂瀾於既倒苟非人力所能障也蓋
者
祖宗之創業也南征北伐沐雨櫛風跋涉艱苦之為
焉弗至也良將名士羅列其下攻戦給來能致其功
小子豈無居於深宮坐享富貴之樂哉鞠躬盡瘁所
不辭也而今所圖事大才小而無股肱心膂能務之者
若濟巨川無舟楫渺乎不知津涯也所特唯

毛利重就自筆の告文（部分，毛利博物館所蔵）

はじめに

毛利重就は、全国的にはあまり馴染みがないが、山口県では萩藩の「中興の祖」「英邁な名君」と言われている。東北の地で上杉治憲（鷹山）が米沢藩の改革を行なったことは有名であるが、それとほぼ同時期（鷹山の第一期改革頃）に、本州の西端に位置する防長（周防、長門）の地でも、毛利重就が萩藩の改革と取り組んでいた。もちろん、宝暦期から安永期にかけて、諸藩でも藩政改革が行なわれている。このなかでも、毛利重就は、藩政改革の成果を大きく実らせた藩主と言える。

維新の動乱期に、萩藩は、軍艦・大砲・銃などを購入し、軍事力を強化したが、その費用は、毛利重就が創設した撫育方の資銀や備蓄した宝蔵銀（御手置銀）によって賄われたのである。このため、後世、彼は、「中興の祖」と称されるようになる。

しかし、毛利重就の伝記は、ほとんど見あたらない。わずかに、香川政一氏によって

『英雲公と防府』が著わされているのみである。ただし、これは、題が示すように、毛利重就と防府の関係を中心にまとめたものである。この他に、戦前の業績として、三坂圭治氏の『萩藩の財政と撫育』（『萩藩の財政と撫育制度』）があり、毛利重就の事績に多くの頁を割いているが、これは萩藩の財政全般を述べたものである。近年、田中誠二氏が「萩藩後期の藩財政」（『山口大学文学会志』四九巻）で宝暦期から文政初期における財政を分析し、河村一郎氏が思想史の立場から『長州藩思想史覚書』『長州藩徂徠学』『防長藩政期への視座』のなかで、毛利重就について論じている。いずれも示唆に富む論考であるが、これとても伝記ではない。なお、毛利家文書には、「毛利重就伝」が存在するが、これは明治四十一年（一九〇八）に宮内省に進達した草稿で簡略なものである。

本書は、毛利重就伝として、彼の事績を忠実に明らかにし、全体像を浮かび上がらせることに意を用いている。したがって、名君論を展開する意図はない。とは言え、毛利重就像を豊かにする史資料は、意外と少ない。長府藩主から本藩である萩藩の藩主になった彼は、本来、長府藩主にさえなる可能性がない少年であった。彼は、兄毛利師就の死去によって、師就の実子で九歳の多賀之丞がいたにもかかわらず、一一歳で長府藩主の座に就き、さらに、萩本藩の藩主になった。このゆえもあって、少年時代の様子を伝えるものは、ほとんど残されていないのである。彼は、「公は天資英邁、夙に名君の聞え高く」（前掲三坂）と言われているものの、少年から青年時代にかけて、どのように勉学に励み、武芸を鍛錬したかも明らかでない。

萩藩主毛利重就についても、「殿様」としての公的な史資料はあるものの、エピソードなどはあまり伝わっていない。藩主重就は、毛利元就・隆元・輝元を尊敬しており、明和四年（一七六七）に儒者山根華陽に三人の遺文のなかから一〇の徳目を収録・編集させ、常に側に置いて自戒していた言われている（「御教戒」「御家誡」）。これも藩主として矜持を保つものであろう。唯一、重就が母を同じくする実兄の毛利広定（一門右田毛利氏の当主）と取り交わした内密書状に、彼の本音が表われていると言えよう。このため、両者の内密書状を本文で紹介している。藩主重就は、同母兄の毛利政苗（匡平、清末藩主）と毛利広定の協力を得て、藩政改革を推進した。特に、広定は、国元加判役・当職として、弟重就を支えた功績が大きい。毛利政苗も、駿河加番、奏者番・寺社奉行など、幕府の要職を歴任し、側面から重就に協力した。

藩主重就の藩政改革は、伝記でも主要な柱になっている。しかし、これについては、拙著『転換期長州藩の研究』で詳細に論じたので、できるだけ簡略にし、撫育方や宝蔵銀（御手置銀）など、別の面を提示するように努めた。小著によって、毛利重就の新たな人物像が結ばれれば幸いである。

本書で用いた史料は、ほとんどが山口県文書館・萩郷土博物館所蔵のものである。史料の閲覧で大変お世話になった。この場を借りて、お礼を申し上げたい。また、毛利重就肖像などの写真掲載を許可して頂いた毛利博物館をはじめ、写真や図版を提供して下さった関係諸機関に感謝の意を表する次第である。

平成十四年十二月

小川國治

目　次

口絵

挿図

挿表

第一　長府藩主毛利匡敬

一　長府毛利氏

長府藩と清末藩

毛利重就は、長府藩主毛利甲斐守（匡広）の五男である。そこで、まず彼の生家である長府毛利氏について述べたい。

長府藩は、長門国長府（山口県下関市）に藩庁を置いた藩で、毛利甲斐守（秀元）を始祖とする。秀元は、天正七年（一五七九）十一月に毛利陸奥守（元就）の四男穂田伊予守（元清）の次男として備中国猿掛城で生まれ、同十三年に毛利右馬頭（輝元）の養子となり、同十八年に元服して秀元と称した。文禄元年（一五九二）二月、毛利秀元は、輝元の嗣子となり、四月に豊臣秀吉からも毛利氏の継嗣として承認されたが、同四年十月に輝元に実子松寿丸（初代萩藩主毛利秀就）が誕生したので、継嗣を辞して分家した。慶長四年（一五九九）六月、秀元は、長門国一三万三七九〇石余、周防国吉敷郡三万三九〇九石余および父元

萩城（明治期・萩市郷土博物館写真提供）

清の遺領一万三一五六石余の合計一八万八五五石余を領し（「毛利輝元知行宛行状」『長府毛利家文書』下関市史資料編Ⅳ。以下、下市資と略す）、山口に本拠を置いた。しかし、関ヶ原の戦いの後、防長移封によって、秀元は、同五年十一月に長門国豊浦郡で三万六二〇〇石を領することとなり、長府の串崎城（櫛崎城）を改修し、呼称を雄山城と改めて居城とした。元和元年（一六一五）の一国一城令によって、彼は、雄山城を破却して麓の居館に移り、そこに藩庁を設置した。これが長府藩の起こりで、長府の居館を本拠とした一族を長府毛利氏と言う。なお、長府藩の第二代藩主毛利和泉守（光広）の知行高は、本高四万八〇〇〇石、内検高八万三〇〇〇〇石となっている（「毛利和泉守知行高覚」同上）。

長府藩の断絶

その後、長府毛利氏は、秀元の後に光広・綱元・元朝・元矩と続いたが、元矩が江戸・麻布の上屋敷（日ケ窪邸）で疱瘡にかかり、享保三年（一七一八）三月二十日に数え歳の一五歳（以下、年令は数え歳とする）で死去した。長府毛利氏から宗家を継いで萩藩主となっていた毛利長門守（吉元）は、実家の危機を憂慮して、清末藩主毛利讃岐守（元平）を元矩の跡に入れ、元平の長男師就に元平の跡を継がせたいと幕府に願い出た（「吉就・吉広・吉元公記」）。しかし、幕府は、藩主が一七歳未満で継嗣を定めずに死去した場合、「御家断絶」が「公儀之御大法」であるとして、これを認めず、同年四月十三日に長府藩を断絶させ、領地を毛利氏宗家の萩本藩に還付させた（「遺塵抄」。河村一郎「『遺塵抄』の時代」『長州藩徂徠学』）。

清末藩の創設

清末藩は、毛利秀元の三男元知が創始したものである。毛利元知は、慶安元年（一六四八）に将軍徳川家光の長男家綱の小姓になり、同四年八月に従五位下・刑部少輔に叙任していたが、父秀元と兄光広の死によって、家を興すことが出来なかった。しかし、長府藩主毛利甲斐守（綱元）は、祖父秀元と父光広の遺志を尊重して、承応二年（一六五三）十月に叔父元知へ豊浦郡東部の一四か村で一万石を分知した。これによって、毛利元知は、

毛利秀元（下関市立長府博物館所蔵）

万治二年に清末に居館を設け、藩庁を開いた。彼の家系を清末毛利氏と言う。毛利元平は、元知の次男で天和三年（一六八三）八月に清末毛利家の家督を継いでいたのである。

毛利吉元は、長府藩主毛利綱元の世子であったが、萩藩主毛利大膳大夫（吉広）が死去し、しかも嫡子がいなかったので、宝永四年（一七〇七）十一月に宗家の家督を継ぎ、萩藩の第五代藩主の座に就いた。しかし、これによって、毛利宗家の血筋が毛利輝元の曾孫吉広で絶え、長府毛利家の血筋（毛利秀元の曾孫吉元）と交替することとなったのである。このため、支藩・一門の反発と家臣の動揺が生じ、宝永七年七月の長府領農民による幕府巡見使への出訴事件、同年十一月の吉敷郡長野村（益田織部領）の農民一揆、正徳六年四月（七月一日に享保と改元）の徳山藩の改易、享保二年十二月の岩国領農民の萩本藩領編入一揆など、次々に深刻な事態が起こった。この他にも、長府藩の断絶に至るまでに、六度も重大な事件が発生していた。

徳山藩の改易

このうち、徳山藩の改易は、萩本藩主毛利吉元と徳山支藩主毛利飛騨守（元次）との対立が原因であっただけに、防長両国の人心に大きな衝撃を与えた。今回の長府藩断絶も、萩藩主毛利吉元の強引な措置に遠因があったので、事態は一層深刻であった。吉元は、宗家の家督を継いだ際に、長男又四郎（元朝）を残して父長府藩主毛利綱元の継嗣とし、三男左門（次男斎宮は早世）を萩藩の世子にした。しかし、正徳三年七月に世子元陳（左門）が死去したため、吉元は、長府藩主になっていた元朝（後に宗元）を宗家に移して世子とし、実弟那波仁八郎に長府毛利家を継がせた。仁八郎は、毛利元矩と改称して長府藩主となったが、前述のように一五歳で死去した。こうして、二か年のうちに、徳山毛利家に続いて長府毛利家も断絶したのである。

長府藩の再興

幕府は、萩藩から長府藩存続の要請を受けた際に、「公儀之御大法」を根拠に長府藩を断絶させたものの、老中井上河内守（正岑）の内意として、「讃岐守殿江此御方より御増高を以て御内証先長府之御家筋ニ被立置候様ニ候ハ」（「遺塵抄」）と、妥協案を示していた（前掲「「遺塵抄」の時代」）。これによって、萩藩は、清末藩主毛利元平の石高を増加するという方法で実質的に長府藩の存続をはかることとし、その旨を幕府に願い出た。享保三年四月十五日、幕府は、老中井上正岑の内意の通り、萩藩の願書を受理し、毛利元平に対して、旧高一万石に二万八〇〇〇石を加えて、本高三万八〇〇〇石を認めた。長府藩断絶の二日後のことである。

毛利元平は、匡広（まさひろ）と改名して長府へ移り、旧長府毛利氏の家格と家臣を引き継いだ。しかし、毛利匡広は、長府藩の第三代藩主毛利綱元が従四位下・甲斐守・侍従（じじゅう）に叙任されていたにもかかわらず、従五位下・讃岐守のままであった。匡広が甲斐守に任じられたのは、享保十三年十月で死の一年前のことである。以後、長府毛利氏は、家格が下がり、従五位下の叙位が慣例となった。こうして、長府毛利家は、旧高四万八〇〇〇石から一万石を削減されて本高三万八〇〇〇石で存続することになったが、その結果、清末毛利家が廃絶したのである。その後、長府藩は、同五年三月に本高が四万七〇〇〇石に回復された。また、清末藩も、同十四年十月に毛利竹之助（たけのすけ）（匡平（まさひら）、政苗（まさなり））が兄の長府藩主毛利主水正（もんどのしょう）（師就、匡広の長男）から新墾田分の名目で一万石を分知されて再興した。

一時的にせよ、長府毛利氏が断絶したことは、防長両国に大きな波紋を投げかけたが、とくに、長府毛利氏の家臣には、強烈な衝撃を与えた。旧長府藩家老の椙杜中務（すぎもりなかつかさ）（元世（もとよ））は、長府藩が事実上再興された際に、清末藩から移って新たに家老となった者の取り扱いで、家格に対する不満を持ち、藩主毛利匡広（元平）に「御奉公不仕と申切」っ

家老椙杜元世の退去

て、「船ニハ鉄砲切火縄五拾挺にて」長府領を退去し、豊前国小倉へ渡った（「吉就・吉広・吉元公記」）。椙杜元世の退去がいつ頃であったかは定かでないが、享保三年八月に彼が桂縫殿（元昭）・細川宮内（元純）とともに連署した文書が残っているので、それ以降のことと思われる（「御代々被仰出書付」『豊浦藩旧記』下市資Ⅰ）。その後、彼は、宇佐に居住していたが、宇佐神宮も焼失する大火に逢ったため、備前国岡山へ移って酒屋を営み、三原屋と号して余生を送った。

このとき、元世に同調して長府藩を立ち退いた家臣は、家老時田権太夫（元遠）をはじめ合計一〇人に達した。家老元遠については、「時田ハ上方筋江行と云」とあるが、彼は、同五年十一月に家老として桂元昭・田代要人（元貞）とともに連署しており、その頃までは藩政に関与しているので、椙杜元世と同時期に長府藩を退去したとは考えられない。いずれにせよ、彼らの退去は、椙杜元世と時田元遠が「毛利輝元公御取立家老」であっただけに、長府藩政を揺るがす深刻な事態を招いたと言えよう（「吉就・吉広・吉元公記」）。このように、毛利重就の父匡広は、長府藩主になったものの、元来、長府毛利氏の分家清末毛利氏の出であったので、旧長府藩家臣と清末藩家臣の融和に苦慮したのである。

二　誕生と兄弟

毛利匡広の子供

　長府藩主毛利匡広には、男一一人と女七人の子供がいたが、無事に成人したのは、男五人と女一人のみであった。後に、萩藩主毛利重就となる岩之丞（允）は、子供の男女一八人中、下から三番目の子として、享保十年（一七二五）九月に江戸の長府藩上屋敷（日ヶ窪邸）で生まれた。彼には、多くの兄弟姉妹のうちで、結局、姉秀、兄師就・匡平・匡逵、弟匡幸の五人が残ったのである。このうち、彼と匡平・匡逵・匡幸の四人は、母（津礼、性善院）を同じくする兄弟であった。残念ながら、重就が岩之丞として過ごした幼年時代や青年時代のことについては、史料が遺されておらず、詳細は不明である。

　姉秀の母は、毛利匡広の正室（益、放光院）で、萩藩の第二代藩主毛利大膳大夫（綱広）の娘である。秀は、元禄十五年（一七〇二）十二月に萩藩の第四代藩主毛利吉広の養女になり、享保十二年七月に越前国丸岡城主有馬左兵衛佐（一準、五万石）に嫁いで正室となった。秀が毛利宗家の血筋を受け継いでいたため、後に、彼女の次男大三郎が萩藩主毛利大膳大夫（重就）の養子となり、毛利重広と改名して世子の座に就くのである。

毛利師就は、宝永(ほうえい)三年（一七〇六）八月に清末の藩邸で生まれ、幼名を財之丞と言い、初め親就(ちかなり)と称した。享保九年九月、彼は、将軍徳川吉宗(よしむね)に御目見(おめみえ)し、長府藩主毛利匡広の世子として認められた。これによって、彼は、いったん長府に戻ったが、翌十年七月に参府し、同月二十八日に江戸城へ登った際に、思いもかけない事件に巻き込まれた。

彼が帰国の御礼言上をして退出しようとしたところ、大廊下で信濃(しなの)国松本藩主水野(みずの)隼人正(はやとのしょう)（忠恒(ただつね)、七万石）が待ち受け、太刀(たち)を抜いて斬りかかったのである。師就は、「細刀」（小刀）で防いで忠恒の太刀を打ち落としたが、襟の中程に傷を負った。これを見た「御目付衆(おめつけしゅう)」が忠恒を取り押さえ、その場を鎮めた。吟味の結果、師就が二の太刀まで「細刀」の鍔(つば)で防ぎ、三の太刀から抜き合わせたこと、忠恒が「拙者不行跡ニて領地被召上、主水様え被下候由付、不及是非及刃傷候」と主張していることがわかった。幕府は、師就が忠恒と面識がなく初対面であり、忠恒の主張が事実無根であるので、師就には問題なしとし、傷の手当をして帰邸させ、他方、忠恒には「御乱心弥(いよいよ)無紛(まぎれなく)」と認定し、武蔵(むさし)国川越(かわごえ)城主秋元喬房(あきもとたかふさ)（伊賀守(いがのかみ)、六万石）の江戸邸に禁固し、領地・江戸邸没収の処分を行った（「当職所御用状之写」下史資Ⅲ）。幸いにして、師就の傷は浅く、間もなく回復した。その後、彼は、父毛利匡広の死去によって、同十四年十月に跡職を継いで長府藩主となり、十二月に従五位下・主水正に叙任した。

毛利政苗

師就が父匡広の跡職を継いだ同じ日（十月二十六日）に、弟で一二歳の竹之助にも、一万石の分知が認められた。清末藩を再興した毛利竹之助は、匡平と改め、さらに、政苗と改称した。この間、彼は、享保十五年十二月に従五位下・刑部少輔に叙任され、同二十年九月に讃岐守に任じられている。彼は、一万石の大名として、駿府加番、奏者番・寺社奉行など、幕府の要職を歴任した。

毛利広定

兄匡逵は、享保四年七月に生まれ、幼名を又三郎と称した。匡逵（釆女）が一五歳のとき、享保十八年九月に一門・右田毛利氏の当主毛利広信が死去した。彼は、父毛利筑後（広政）の死によって、同年五月に一三歳で家督を継ぎ、豊三郎を広信と改めたばかりであった。このため、匡逵は、「豊三郎殿願之通往々御彼方妹御嫁娶候様ニ」（「右田毛利譜録」）と、将来、広信の妹と結婚することを前提に、同年十一月に右田毛利氏の家督を相続した。翌十九年九月、彼は、萩藩主毛利宗広の偏諱を拝領して、匡逵を広定と改め、元文二年（一七三七）五月に萩藩の国元加判役になり、九月に釆女を筑後と改称した。後に、毛利広定は、加判役・当職として、弟の萩藩主毛利重就を補佐するのである。

毛利匡幸

弟匡幸は、享保十四年に生まれ、幼名を千五郎と称した。後に、伊勢国長島藩主増山弾正少弼（正武、二万石）の養子になり、家督を継いで増山対馬守（正賛）と名乗った。増山氏は、四代将軍徳川家綱の生母・お楽の方（宝樹院）の実家である。お楽の方の兄弟青木正利は、彼女の縁で三代将軍徳川家光に仕え、家光の命によって、母方の増山氏に改姓した。なお、正賛の長男増山河内守（正賢）は、雪斉と号し、好学で文雅の志の篤い藩主として知られている。

三　長府毛利家の相続

兄毛利師就の重病

長府藩主毛利師就は、享保二十年（一七三五）三月二十五日頃から「少々御浮腫之御気味」があったので、同月二十八日と四月一日の江戸城への出仕を辞退した。その後、彼は、腹痛も訴えるようになり、重病に陥った。

末家相続や密輸事件などの重要案件は、毛利宗家が幕府と交渉することになっていたため、長府藩の江戸家老桂勘解由（于澄）が江戸留守居役迫田茂右衛門（清暢）と同道して、萩本藩の江戸上屋敷（桜田邸）を訪れ、萩藩の当役桂主殿（広保）と重要な相談を始めた。四月二十日の夜五つ時過ぎ（午後七〜八時頃）のことである。その内容は、師就には国元の長府に実子の多賀之丞がいるので、彼に家督を継がせたいと言うものであった。

師就の実子多賀之丞

長府藩主師就の実子多賀之丞は、享保十二年二月に国元の長府で生まれた。生母は、師就の側室チエ（春光院）である。藩主師就は、多賀之丞が実子とは言え、生母が側室であったので、すでに九歳になっていたにもかかわらず、彼の存在を幕府へ届け出ていなかった。同十五年二月の「覚」によると、多賀之丞は、「様」ではなく「殿」と呼称されおり、家臣と道で出会っても、「下馬等仕ニ不及、傍輩之挨拶ニ仕候様」に待遇されていた（前掲「御代々被仰出書付」）。このため、藩主師就は、参勤交代で帰国する際に、「証人」（実質は人質）として、父毛利匡広が幕府へ届け出ていた弟岩之丞を「当分養子」（仮養子）に指名していたのである。

ところで、江戸家老桂干澄と江戸留守居役迫田清暢の二人が持参した「口上覚」には、多賀之丞が九歳、岩之丞が一一歳であるにもかかわらず、前者が「主水正同腹弟」の一三歳、後者が「同人別腹末弟」の一一歳と記されていた。そして、長府藩主師就に実子がいないので、従来、彼が参勤交代で帰国する際には、多賀之丞が病弱なため、末弟岩之丞を仮養子として幕府に届けていたが、多賀之丞が「近年丈夫ニ」なり、家督相続が可能になったので、今後は多賀之丞を仮養子としたいと述べられていた。これは、五年前（同十五年）に幕府が発給した触書に、大名や旗本・御家人が実子がいるのに老中や頭支配に届け出ないで仮養子を置き、都合が良くなると、実子を嫡子に直すことが横行しているので、以後、実子であっても届け出のない場合は認めないと定められていたからである（『御触書寛保集成』九九五号）。

多賀之丞の擁立失敗

当役桂広保は、長府藩主師就の命が旦夕に迫っているので、桂于澄・迫田清暢両人と相談のうえ、多賀之丞を師就の実子として届け、師就が死去するような事態になれば、多賀之丞に家督を相続させて欲しいと幕府へ願い出ることとし、翌二十一日に公儀人上山庄左衛門（経匡）を萩藩の取次老中である酒井讃岐守（忠音）のもとに派遣して意向を内々でうかがわせた。

その結果、老中酒井忠音の内意は、この期に及んで多賀之丞を師就の実子として認定することは難しいと言うものであった。また、月番老中松平左近将監（乗邑）や大目付有馬出羽守（純珍）の意向も打診したが、老中酒井忠音の内意と変わらなかった。ただし、老中忠音の内意には、すでに、岩之丞を師就の仮養子として幕府が認めているので、彼ならば問題がないこと、多賀之丞を幼少の実子として認めるのは差し支えがないことも示されていた。このため、当役広保・中老于澄らは、岩之丞の仮養子と多賀之丞の実子認知を幕府に願い出ることとした。

四月二十二日、萩藩主毛利宗広と長府藩主毛利師就は、おのおの養子願の書付を老中松平乗邑・酒井忠音・松平伊豆守（信祝）と大目付駒木根肥後守（政方）に提出した。この日の夜九つ時（午後一一～一二時頃）に師就が死去しているので、長府藩の書付は、桂于澄や迫田清暢ら家臣が作成したものであることは言うまでもない。この書付には、長府藩主毛利師就について「松平大膳太夫内證分　無高　毛利主水正」と記され、岩之丞について「御目見江不仕候」と肩書が付されている。

また、多賀之丞については、実年令よりも六歳下の五歳とし、幼少で病弱なために幕府へ届け出ていなかったので、「家督之儀不奉願」と述べられている。これによって、師就は、本高四万七〇〇〇石の長府藩主で従五位下・主水正に叙任していたものの、幕府との関係で言えば、宗家当主毛利宗広の「内證分」で「無高」の存在でしかなかったことがわかる。萩藩主宗広が提出した養子願の書付にも、同様に記されているので、支藩主師就の立場を示していると言えよう。なお、岩之丞は、以前から師就の仮養子となっていたものの、一一歳に至るまで、将軍徳川吉宗の御目見を得ていなかったのである。

その日のうちに、養子願の書付は、幕閣で正式に受理された。翌四月二十三日の朝六つ時過ぎ（午前五〜六時頃）に、萩藩主毛利宗広は、江戸留守居役（公儀人兼任）井上半右衛門（光以）を月番老中松平乗邑のもとに派遣し、長府藩主毛利師就が死去した旨を届け出た。これを受けた幕府は、同日の夕方に毛利岩之丞へ「五十日十三月之忌服受候様ニ」に命じた。これによって、岩之丞は、正式に長府毛利氏の家督を継ぐ立場が認められたので、夜中にもかかわらず、兄の清末藩主毛利匡平と同居していた「今黒御屋敷」から長府藩の江戸上屋敷（日ケ窪邸）へ移った（「毛利主水様御逝去一件並岩之丞様御家督之事」）。

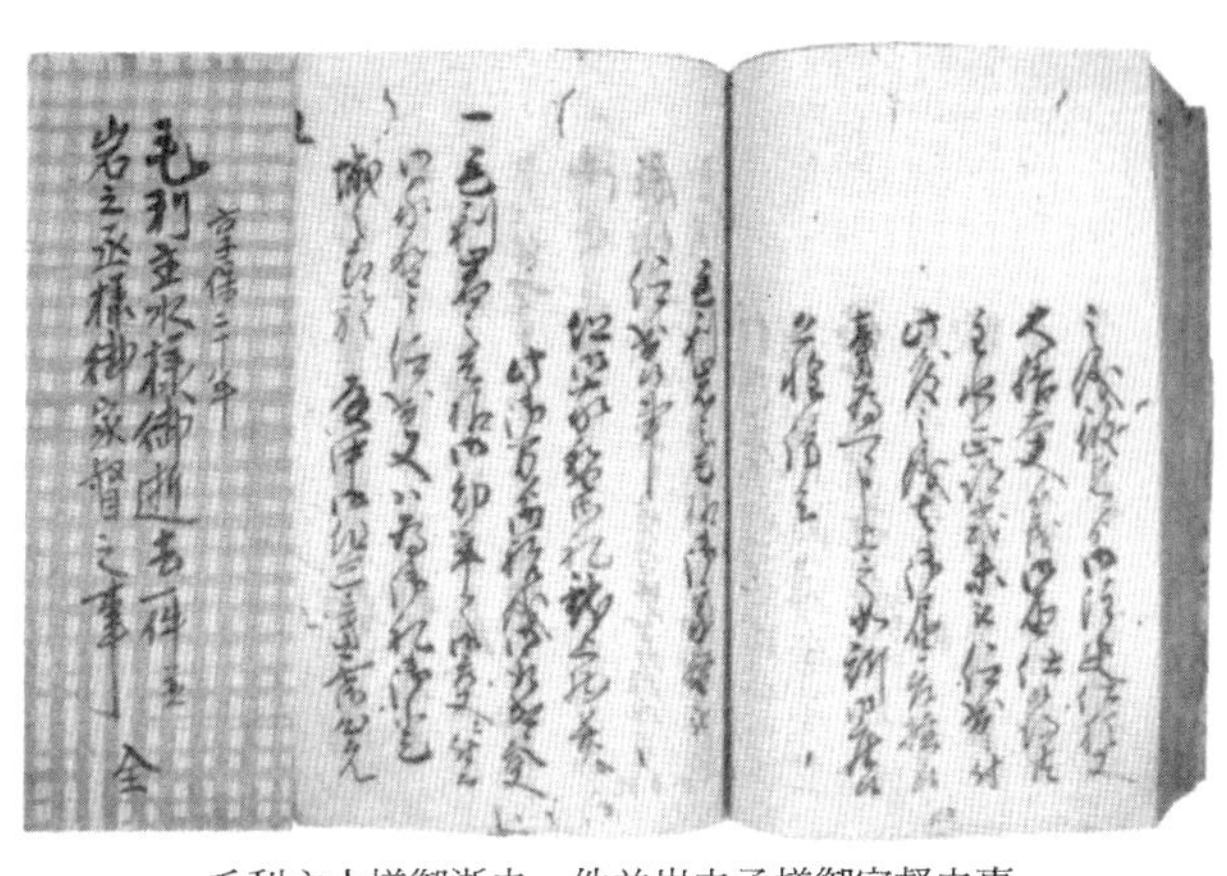

毛利主水様御逝去一件並岩之丞様御家督之事
（毛利家文書・山口県文書館所蔵）

毛利匡敬の家督相続

この年（享保二十年）の六月、岩之丞は、長府毛利氏の家督を相続し、後に名を匡敬と改め、元文四年（一七三九）十二月に従五位下・甲斐守に叙任した。こうして、毛利匡敬は、一一歳で兄師就の跡を継ぎ、長府藩主となったのである。その後、彼は、一六年にわたって長府藩主の座に就いていたが、際立った政策を展開した気配はない。わずかに、寛保三年（一七四三）八月に大部の「御郡中掟」を定めたことが目立つ程度である。

四　結婚と子供

結婚

寛延元年（一七四八）九月二十一日、長府藩主毛利匡敬は、筑後国柳川城主立花飛驒守（貞俶）の二女で一七歳の登代姫と婚儀を挙げた。その後、正室登代は、匡敬との間に、同二年十二月に友姫、同四年五月（同年十月二十七日に宝暦と改元）に勢代姫、宝暦二年（一七五二）十一月に艶姫、同四年六月に岩之允を儲け、明和六年（一七六九）四月に死去した（享年三八）。

正室登与の子供

これらの子供のうち、艶姫は、八歳で死去したが、友姫は、明和六年三月に土佐国高知城主山内土佐守（豊雍）の正室、勢代姫は、同五年十一月に筑後国久留米城主有馬上総介（頼貴）の正室になった。岩之允は、第八代萩藩主の毛利治親である。子供たちについては、彼が萩本藩主になった後にも及ぶが、ここで一括して述べることとする。

養子

彼の養子には、重広、誠姫、百合姫がいた。重広は、世子として迎えられたが、宝暦十年六月に病死した。このことは、後に詳述する。誠姫と百合姫は、第六代萩藩主毛利宗広の遺児である。誠姫は、同六年六月に世子重広と納采の式を挙げたが、重広が死去したため、明和三年九月に陸奥国会津城主松平肥後守（容頌）の正室になった。なお、百合姫は、六歳で夭逝した。

側室利尾の子供

彼には、側室として利尾、留楚、千佐、種織の四人がおり、ほかに侍女のしんがいた。側室利尾は、長府藩の家臣飯田伝右衛門（存直）の娘で、好姫、佐代姫、文之助、徳次郎、永丸、澄姫を産んだ。このうち、徳次郎と永丸は、おのおの一歳と六歳で夭逝したが、長男文之助は、父匡敬（重就）の跡を継いで、第九代長府藩主毛利匡満になった。好姫は、宝暦十二年六月に出羽国上山城主松平（藤井）山城守（信享）の正室、佐代姫は、同十一年二月に鷹司右大臣（輔平）の正室、澄姫は、安永四年（一七七五）六月に武蔵国忍城主松平（阿部）下総守（忠啓）の正室になった。

側室留楚の子供

側室留楚は、佐竹氏の家臣武藤群次の妹で、政次郎、列姫、定次郎を産んだ。政次郎は、兄匡満の死去によって、明和六年十月に家督を継ぎ、第一〇代長府藩主毛利匡芳になった。列姫は、近江国彦根城主井伊掃部頭（直幸）の嫡男豊吉と婚約中に、一二歳で死去した。定次郎は、後に毛利親著と称し、萩八丁御殿に居住していたが、三五歳で死去した。親著の長男豊之允が第一一代萩藩主毛利斉元になり、斉元の長男猷之進が第一三代萩藩主毛利敬親になるのである。

側室千佐の子供

側室千佐は、萩藩の家臣田中内蔵助（利和）の娘で、多鶴姫を産んだ。多鶴姫は、近衛権大納言（師久）と婚約中に、八歳で夭逝した。側室種織（山の井）は、萩藩の家臣河野喜右衛門（通貞）の娘で、長姫と冨次郎を産んだ。冨次郎は、四歳で夭逝したが、長姫は、寛政四年（一七九二）一月に越中国富山城主前田出雲守（利謙）の正室になった。侍女しんは、「江戸ノ人」戸次勘左衛門（名不詳）の娘で、熊次郎を生んだ。熊次郎は、長じて興言と称したが、同二年六月に江戸の麻布邸（萩藩下屋敷）で死去した（『もりのしげり』）。

このように、毛利匡敬（重就）は、養子を含めて、男九人と女一一人の子に恵まれた。その後、彼の子孫が代々萩藩主になり、毛利敬親に至る。萩藩主敬親が維新の動乱を乗り切ったことは、広く知られている。

第二　萩藩主毛利重就

一　宗家の家督相続

毛利宗広の死

萩藩の第六代藩主毛利宗広は、寛延四年（一七五一・同年十月二十七日に宝暦と改元）二月四日に萩城で死去した。彼は、前年の五月に江戸を発って帰国し、萩城で政務に励んでいたが、年末から体調を崩し、翌四年正月の年賀の式に臨んだものの、その後は病床に伏す身となった。従来から患っていた脚気に風邪が加わり、病状が悪化したのである。

藩主宗広は、死の前日（三日）に一門・老中へ「申置条々」、組支配中へ「御意之覚」を与え、帰国の際に、長府藩主毛利匡敬（重就）を「当分之養子」として幕府へ届けているので、万一自分が死去した場合は、匡敬を「何分守立候」ように要請していた（以下、拙著『転換期長州藩の研究』を随時参考にしている）。

一方、二月七日には、幕府に対して、「家続願書」と「長府家続人願書」が作成された。この二つは、藩主宗広の名による願書とは言え、すでに、彼が三日前に死去していたので、国元加判役宍戸出雲（広周）・毛利筑後（広定）、当職益田越中（広堯）、前当職益田河内（元言、元方）らの重臣が作成したものである。「家続願書」には、幕府に「当分之養子」として届けている長府藩主毛利匡敬に毛利宗家の家督を相続させたいこと、「長府家続人願書」には、国元の長府で成長している匡敬の実子文之助（七歳）に長府毛利家の家督を相続させたいことが記されていた。

とくに、文之助を長府毛利家に留める理由として、藩主宗広には、国元の萩に懐妊中の側室がいるので、もし男子が誕生した場合には、彼を「甲斐守（毛利匡敬）嫡子」として次期の萩藩主にすること、その男子が病弱な場合には、娘に婿養子を迎えて次期の萩藩主にすることが示されていた（「公儀所長府帳書抜」。『毛利十一代史』六冊）。

ここで萩藩の当職・当役・加判役・留守居役・寄組・大組について、今後も頻出するので、説明しておきたい。当職は、当初、寄組の家臣から選任されていたが、寛文期以降、一門六家と準一門二家の当主も任命されるようになり、むしろ、後者の方が多くなった。この職は、藩庁諸役所を統括し、大きな権限を有したため、国元における最高権力の役職となった。なお、藩庁諸役所は、蔵元と称する区画に集中して設置されていたので、一般に蔵元と総称された（『山口県の歴史』5章1）。

当役

当役は、江戸当役とも言われるが、国元・江戸とを問わず、常に藩主に随従して補佐し、大組以上の家臣の進退や登用・罷免など、藩主の決済を要する事務を管掌したので、次第に大きな権力を持つようになった。この職は、準一門二家や寄組の当主から選任されるのが通例であるが、希に一門六家の当主や大組の有能者が任命されることもあった。

加判役

加判役は、毎月三回ほど最高会議である「寄合」を持ち、重要書類に加判した。藩体制が整備されると、一門六家の当主の三人が勤めるようになり、そのうち、一人が藩主の出府に随従した。これを江戸加判役と言い、国元に残った二人を国元加判役と称した。留守居役は、藩主の参勤による留守を勤める者で、本来、加判役とは別のものであったが、次第に加判役が兼任するようになった。また、江戸加判役が藩主の帰国に随従し、江戸藩邸に加判役が不在になる際には、老中・若年寄・御手廻組頭・公儀人のなかから一人が選ばれて、江戸留守居役を勤めた。

寄組

寄組は、寛永期以降、初代藩主毛利秀就によって、大組を統括する「寄力」として制度化されたもので、万治期には二一家であったが、次第に増加し、幕末には六二家になった。石高も、当初は一万石から六二〇〇石であったが、享保末期に五〇〇〇石から一〇〇〇石に定められた。有能な寄組の士は、一門とともに当職・当役に就き、藩政の枢機に参加した。

大組

大組は、藩士の中核で、八組または馬廻組とも称した。これは、主として軍事面を担当する「番」の組織で、一門八家や寄組家に属したが、寛永二年に八組に編成された。そのうち二組が藩主の参勤に随従し、途中や江戸での警護にあたった。大組の士は、石高が一〇〇〇石から四〇石で、承応期に六〇〇余、文化期に一二〇〇余に及んでいる。なお、彼らは、藩政の幹部的な役職に就くことができた（『もりのしげり』『防長歴史用語辞典』）。

毛利匡敬の宗家相続

さて、萩藩の江戸上屋敷（桜田邸）には、国元から二通の願書を携えた大番役桂四郎兵衛（通繁）が二月十七日に到着し、その後、国元加判役宍戸広周と直目付田坂源太左衛門（貞通）が入り、さらに、藩主宗広の死去を幕府に報告するため、前当職益田元方と大番役原安右衛門（兼包）も着いた。広周・元方らは、毛利宗家の親戚と相談し、毛利匡敬の家督相続の承認を得て、幕府に対して、二十五日に二通の願書を提出し、二十六日に藩主宗広の死去を届け出た。翌二十七日には、老中松平左近将監（乗邑）から長府藩の江戸留守居役へ呼び出しがあり、長府藩主毛利匡敬に忌服の命が伝えられた。これによって、匡敬は、毛利宗家の家督相続を事実上承認されたのである。

三月十五日、毛利匡敬は、長府藩の江戸上屋敷（日ヶ窪邸）から萩藩の江戸上屋敷（桜田邸）へ側衆四人と医師乃木道伯を連れて移り、毛利宗広の喪に服した。四月十二日、彼は、老中酒井左衛門尉（忠寄）邸へ出向き、そこで老中堀田相模守（正亮）・本多伯耆守（正珍）・松平乗邑と大目付石河土佐守（政朝）の列座の席で、「御家督無相違宗広公御遺領御判物御頂戴」したのである（「重就公」）。六月十三日、毛利匡敬は、江戸城に登って将軍徳川家重に謁見し、家重の偏諱を拝領して重就と改め、従四位下・侍従に叙任されて大膳大夫・重就と称することとなった。

この間、一門の最年長者である毛利七郎兵衛（厚狭毛利氏当主、元連）も、二月二十八日に萩を発って出府し、家督相続や将軍謁見などの諸行事が無事に終了するのを見届けて、閏六月九日に萩に戻っている。

毛利匡敬の改名

こうして、毛利重就は、「当分之養子」であったことが幸いして、少年期には予想もしなかった道が開け、長府藩主になり、さらに宗家の家督を継いで萩本藩主になったのである。なお、彼の実子文之助は、同年五月に長府毛利家の家督を継いで長府藩主の座に就き、その後、名を匡満と改めた。毛利匡満が従五位下・能登守に叙任されたのは、宝暦十一年十二月のことである。

二　世子擁立問題の紛糾

実子文之助の世子擁立

萩藩主毛利重就が叙任された二〇日後の閏六月三日に、国元の萩で前藩主毛利宗広の側室戸無瀬（となせ）（実相院（じっそういん））に女子が生まれ、百合（ゆり）と名付けられた。一門や家臣が抱いた男子出生の期待は、空しかったのである。これを知った重就は、

文之助を本家之嫡子ニ相願候筋ニても可有之候、公辺之聞へ旁実子ヲ閣求他人候段いかゝ敷様相見候、（「毛利重就書状養子事等内密書状」）

と、長府藩主になったばかりの実子文之助を養子にし、本藩に移して世子にする望みを持つようになった。そして、長府藩には、実兄の清末藩主毛利政苗（まさなり）を据えようとしたのである。この構想は、かつて毛利吉元（よしもと）が長府藩主毛利綱元（つなもと）の世子から萩本藩主になった際に、長府藩主になっていた実子元朝を本藩に移して世子にしたことを踏襲していた。重就は、自分の考えを実兄の国元加判役毛利広定（ひろさだ）に伝え、「此儀出雲宮内越中等ニ申聞候儀中々六ヶ敷」（「毛利重就書状」）と、加判役宍戸広周（ししどひろちか）（一門筆頭）・毛利宮内（広漢（ひろくに）、一門阿（あ）

毛利重就内密書状（右田毛利家文書・山口県文書館所蔵）

川毛利氏）および当職益田広堯（準一門、永代家老家）の意向を探るように依頼した。

広定・重就の間柄は親密で、両者は、たびたび内密の書状を取り交わしている。そのなかで藩主重就は、「密事、早々火中頼入候」とさえ述べているのである。この後も広定は実弟重就を支え続け、その姿勢を死に至るまで変えることはなかった。藩主重就は、実兄広定の全面的な協力を得て、藩政を掌握するのである。

この時点で、前藩主宗広が遺した意向の二つのうち一つが消えたとは言え、国元の娘誠に婿養子を迎えて次期の萩藩主にすることは、まだ残っていた。しかも、前藩主宗広の遺志として、誠姫の婿養子に「宇田川子共衆」を迎えることが明示されていた。この「宇田川子共衆」は、越前国丸岡城主有馬一準と正室秀の子大三郎のことで、同家の江戸藩邸が芝の宇田川にあったため、このように呼ばれていたのである。先述のように、有馬一準の正室秀は、重就の姉であるが、母が長府藩主毛利匡広（重就らの父）の正室益で、萩藩の第二代藩主毛利綱広の娘である。したがって、有馬一準の次男大三郎は、毛利宗家の血筋を受け継いでいた。

徳山藩主への配慮

この他にも、世子の候補としては、徳山藩主毛利山城守（広豊）の子供たちがいた。毛利広豊には、文之助よりも年長の男子が八人もいたのである。したがって世子の候補としては、萩藩主重就の子文之助、有馬一準の次男大三郎および徳山藩主毛利広豊の子供たちがおり、「三筋之道理夫々ニ相見候、一決難相成候」（同上）と言う状態であった。しかも、長府毛利氏と徳山毛利氏の間には、微妙な関係があり、長府毛利氏の出である重就は、徳山藩主広豊にも十分配慮する必要があった。先述のように、萩藩主毛利吉広が死去して毛利宗家の血筋が絶え、長府藩主毛利綱元の世子吉元が萩本藩主になった際に、輝元系（宗家系）と秀元系（長府系）の激しい暗闘が生じ、藩政のしこりが残り、徳山藩の改易に至ったからである。

徳山藩主毛利日向守（就隆）の四男亀之助は、寛文七年（一六六七）十一月十八日に京都で生まれた。徳山藩主就隆（毛利輝元の次男）の子のうち三男までが夭逝していたので、亀之助は、事実上の長男であったが、妾腹のため、家臣の永井家の子として成長し、長じて永井主計（賢富、賢充）と名乗った。永井賢充は、元禄三年（一六九〇）五月に徳山藩主毛利日向守（元賢）の養子になり、元賢の死去によって、八月に徳山藩の第三代藩主の座に着き、姓名も毛利元次と改めた。このとき、彼は、藩主毛利元賢の養子になるため、実際には元賢（寛文十年六月十四日生）の兄であるにもかかわらず、寛文十一年に生まれた弟として幕府に届けられたのである（『徳山市史』上 二章一節）。このため、徳山毛利氏の系図では、毛利元次が毛利就隆の五男と記されている。

徳山藩主毛利元次

徳山藩主毛利元賢の後継を決める際に、実は、長府藩と徳山藩の間で深刻な事態が生じていた。長府藩主綱元が自分の次男幸之助を推したため、初代徳山藩主毛利就隆の実子永井賢充を考えていた徳山藩の家老らと鋭く対立し、後継問題が紛糾した。事態は深刻化したが、幕府の介入を憂慮した萩本藩主毛利吉就の裁定によって、永井賢充が徳山毛利氏の家督を継ぎ、徳山藩の第三代藩主になったのである（「毛利日向守様御逝去一件」「徳山毛利譜録・福間嘉織」）。

長府藩と徳山藩の対立

その後、宝永四年（一七〇七）十月に萩藩主毛利吉広が死去して後継を定める際に、徳山藩主毛利元次は、毛利輝元の血を受け継いでおり、しかも四一歳に達していたので、当然、有力な後継者に擬せられていたが、一度家臣の永井姓を名乗ったこともあって退けられた。そして、長府藩主毛利綱元の世子吉元が三一歳で毛利宗家の家督を継ぎ、萩藩の第五代藩主になったのである。

この二度にわたる後継問題が、以後、長府毛利氏と徳山毛利氏との間にわだかまりを生じさせた。正徳五年（一七一五）に起こった万役山事件（六月）と下草山紛争（八月と十一月）の処理を巡って、萩本藩の対応に不満を抱いた徳山藩主元次は、萩藩主吉元に対する態度をいっそう硬化させた。

万役山事件

万役山事件は、萩本藩と徳山藩の境界付近における、わずか松一本の伐採をめぐる小事件で（前掲『徳山市史』上二章一節〜五節）、下草山紛争は、徳山領富海村の下草山に本藩領牟礼村の農民が進入して乱暴狼藉を行った事件である（拙稿「徳山藩改易と富海・牟礼両村の下草山紛争」『山口県地方史研究』七六号）。本来、この二事件は、穏便に処理することが可能なものであったが、萩藩主吉元と徳山藩主元次の対立によって深刻な事態に陥った。正徳六年（六月二十二日に享保と改元）四月十四日、萩藩主吉元は、

> 飛驒（元次）儀、対本家段々疎略仕、私家督以後参勤并御暇之上使七八度有之候内、一度ならてハ不罷越、彼者方江罷越候ても相対も不仕、重畳無礼之儀、（「毛利飛驒守様一件」）

徳山藩の改易

と、徳山藩主元次が末家（長府毛利家）から宗家を継いだ自分を侮っており、さらに、「其

上常々行跡不宜」状態で、藩政が正しく行われていないため、元次を隠居させ、元次の嫡子百次郎に徳山毛利家の家督を相続させたいと幕府へ願い出た（『下松市史』通史編 四章3）。翌十五日、幕府は、吉元の主張を認め、元次を出羽国新庄藩主戸沢上野介（正庸）へ預け、徳山領を萩本藩に返還させた（「徳山御還付之記」「徳山事記」）。

こうして、萩藩主吉元と徳山藩主元次の対立は、徳山藩の改易を引き起こしたのである。なお、享保五年（一七二〇）四月に百次郎が徳山藩を再興し、毛利元堯と称した（同年十二月に従五位下・日向守に叙任）。

徳山藩の再興

このような重大問題を再現しないため、萩藩主毛利重就は、徳山藩主毛利広豊への配慮を怠ることが出来なかったのである。しかし、これについて、『毛利十一代史』（六冊、寛延二年七月十八日の条）の記事をもとに、「ジェスチュア」とする指摘がある（河村一郎「毛利重就の後継問題」『防長藩政期への視座』）。この記事は、わずか二行半に過ぎず、明治期に大田報助氏が『毛利十一代史』（明治四十二年出版）を編纂する際に、「諸事少々控」の該当事件の表題を簡略化して示したものである。「諸事小々控」は、分厚い一冊の全部（一三七冊目）をこれに充てており、深刻な事件の実態を詳細に伝えている。

寛延二年（一七四九）七月、徳山藩から萩藩へ徳山領の「百姓町人」の訴状が届けられた。

これによると、徳山藩では、従来、町や村に当用銀などの提出が強要されていたが、今回も銀七五貫目の差出が求められており、これでは「百姓町人」の生活が成り立たなくなるので、萩本藩へ徳山藩の不法を訴える、もし萩本藩が取り上げてくれないのなら幕府へ出訴するというものであった。

徳山藩では、去年の冬にも農民と紛争があり、その処理を巡って家中に対立が生じていた。萩藩の国元加判役毛利広定と当役熊谷元貞は、目付役と直横目を徳山領へ派遣して調査させるとともに、徳山藩の当役奈古屋頼母（豊兼）・粟屋蔵主（豊躬）に事件を穏便に収めるように指示した。しかし、この事件は翌三年まで解決を持ち越すのである。

徳山藩主毛利広豊の排除運動

徳山藩主毛利広豊は、嫡子松次郎を出府に同道して、将軍徳川家重の御目見を得る予定であったが、費用が賄えないので延期したいと萩藩へ連絡した。寛延二年四月のことである。萩藩は、将軍の御目見を延期するのは大変な事態になると憂慮し、結局、同年十月に徳山藩に経費の一部として五六一両を与えた（「諸事小々控」）。これによって、毛利松次郎は、十一月に数馬（広矩）と改名し、十二月に将軍徳川家重に拝謁することが出来た。この件からも、徳山藩の財政が逼迫していた様子がうかがえる。

徳山藩主広豊は、毛利元次の三男で、徳山藩を再興した兄毛利元堯の死去によって藩主になった人物である。「御行跡不宜」と言われた広豊の藩政は、「御領内御仕置き筋等も、御無躰を以厳密過、御家来数多過失も無之被召放」（「諸事小々控」）と述べられており、家臣はもちろんのこと農民までも「浮立居候」ようになっていた。それゆえ、徳山藩の家臣によって、広豊の隠居と家老の入れ替えが、萩藩へ要請されていたのである。これについては、別途詳細を明らかにするので、ここでは簡略な指摘に留めるが、再興した徳山藩の存亡にかかわる問題を内包していたと言えよう。以上のことからも、徳山藩主広豊は、父元次の激しい気性を受け継いでいたと思われる。

このため、長府毛利氏系の重就は、毛利輝元の血統を受け継ぐ徳山藩主広豊との軋轢を避ける必要があり、彼に配慮したのである。

毛利広定の意向

国元加判役毛利広定は、実弟の藩主重就の書状を受け取り、早速、返書をしたためた。そのなかで、彼は、本来養子（世子）は男系の血筋であるべきとして、有馬大三郎の擁立を牽制しつつ、長府藩の始祖毛利秀元が毛利輝元の正式な継嗣であったにもかかわらず、秀就が誕生したため、継嗣を辞して分家したと言う事実をあげ、長府毛利氏の血統の正当性を強調し、重就の子文之助が世子として相応しいこと、輝元血統の徳山藩主広豊の子供たちにも権利があるのに、他家の大三郎を養子に迎えれば、広豊が不満を持ち、納得していないことが外に漏れ、しかも彼が養子について「筋目違」と主張する可能性もあるので、重就にとってよくない事態が予想されること、文之助が重就の実子であるので、彼を宗家の養子に迎えるについて、とくに異論があるとは思えないこと、長府毛利家には、清末藩主毛利政苗父子のいずれかが移ればよいことなどを述べている（「毛利重就養子事等内密書状」）。

毛利秀元の血統を強調

このように、長府毛利氏では、藩祖秀元が輝元の継嗣になっていたことを強烈に意識しており、同家の系図でも秀元を秀就と就隆の兄として位置づけている。しかし、毛利宗家の系図では、輝元の子のなかに秀元の名前が存在せず、別系統としている。このため、毛利元就の孫秀元の血統から萩藩主となった長府毛利氏系の重就が元就尊崇を強調し、その正当性を補強するのである。同系の吉元が藩校明倫館（めいりんかん）を創設し、『閥閲録（ばつえつろく）』を編集させたのも同様の意図を持っており、家臣に対して、主従関係の再確認と忠誠の要求を行ない、自己の立場を強化したと言える（拙稿「享保期長州藩の文教政策と藩校明倫館」『日本歴史』五八九号。小川國治・小川亜弥子『山口県の教育史』思文閣出版　二〇〇〇年）。

したがって、この返書は、ほぼ重就の意向に沿ったものであったことがわかる。また、このとき広定は、文之助を養子にして、将来、前藩主毛利宗広の遺児誠姫（のぶひめ）と結婚させるように進言もしている（同上）。当時、誠姫が五歳、文之助が四歳であり、彼が五か月ほど若いとは言え、年齢的にはとくに支障がなかったのである。広定の提案は、前藩主宗広の遺志にも沿っており、注目すべきものと言えよう。

しかし、前藩主宗広の意向は、世子について、懐妊の子供が男子でなかった場合でも、誠姫に婿養子を迎えること、有馬大三郎を養子にすることであった（「毛利重就養子事等内密書状」）。このため、一門筆頭の宍戸広周をはじめ、一門・準一門・寄組の有力者たちは、誠姫との結婚を前提に、大三郎を世子に迎えることとしたのである。こうして、世子の擁立問題は、藩主重就・加判役広定・清末藩主政苗の三兄弟と一門・準一門・寄組の有力者との対立の様相を呈し始めた。

毛利重広の世子決定

重就は、大三郎を世子に迎えると、自分が宗家の繋ぎ当主に過ぎなくなるので、

当家唯今迄外より養子被成事伝承不申候ニ、此度手前左様成事いたし候段、対先祖何共申分も無之、（「毛利重就書状」）

と、文之助の養子に固執したが、加判役宍戸広周・毛利広漢と当職益田広堯らの動きを止めることが出来なかった。

宝暦二年四月一日、加判役毛利広漢は、江戸上屋敷（桜田邸）に到着し、重就に大三郎

を世子に迎えるように進言した。この間、広周・広漢・広堯らは、幕府の老中堀田正亮（萩藩の取次老中）に大三郎の世子擁立を働きかけ、内諾を得ていたのである。十三日には、老中本多正珍から重就の帰国許可が伝えられているので、世子問題は、同日以前に決着していたと思われる。翌十四日、重就は、重臣の意向を考慮し、当時、大坂における質米切手の訴訟事件が幕閣の問題になっていたことも勘案して、有馬大三郎を養子に迎え、将来、前藩主宗広の遺子誠姫と結婚させることを幕府へ願い出た。この日、幕府は、ただちに重就と大三郎を登城させ、養子の許可を与えた。大三郎は、二十八日に重就の名代毛利広矩（徳山藩主広豊の世子）と一門の宍戸広周・毛利広漢に伴われて江戸城に登り、将軍徳川家重に御目見し、正式に重就の世子として認められた。これによって、徳山藩主毛利広豊も、萩本藩の一門をはじめとする重臣の意向を尊重したことがうかがえる。

大坂の質米切手訴訟

なお、大坂の質米切手訴訟とは、大坂の米仲買人らが、萩藩大坂屋敷が発行した質米切手（八万九七〇〇俵分）の支払いを求めて、寛延四年（一七五一、宝暦元）十月に大坂町奉行所へ出訴した事件である。幕府の老中堀田正亮は、大坂町奉行中山遠江守（時庸）から報告を受け、事件の深刻化を憂慮し、重就に善処を要請していた。

この年の（宝暦二年）五月一日、重就は、重広（大三郎）が世子に定まったので、加判役宍戸広周・当役堅田安房（元武）・手廻組頭桂三郎左衛門（元冬）らを伴って江戸を発ち、初入国の途についた。

第三　藩政改革と検地

一　財政の窮乏

三老臣に財政再建策を諮問

初入国した重就は、坂九郎左衛門（時存）・長沼九郎右衛門（正勝）・山県市左衛門（昌貞）の三老臣に対して、窮乏化した財政の再建策を諮問した。彼らは、「七十歳以上ニ而隠居」していたが、いずれも当職手元役と当役手元役を歴任して藩政の枢機に参与し、財政にも精通していた。三人は吟味を重ねたうえで、「御内々申上候覚」（一冊）を作成し、当職毛利広定に提出した。これを「三老上書」と言う。その提出時期は、広定が当職に就任した宝暦三年一月二十四日から重就が参勤で萩城を発った三月五日までと考えられる。

これは、上編二四か条、下編一六か条から成る大部なもので、内容が藩政の全般にわたっている。そのうちでも、旅役勘渡銀（旅費）の削減、冗費の節約、藩債の整理、地方行政の改善、地方役人の粛正と減員、定追損米の整理など、当然のこととは言え、行政の簡素化と経費の削減に重点が置かれていた。田畠が災害などで荒廃すると、検見をして永否地（不耕作地）に認定したり、年貢を減免するのが普通であるが、萩藩では、貢租額の減少を避けるため、従来通りに年貢と馳走米を上納させ、名目上の貢租額を維持し、実損分を藩府から農民に支給していた。これを追損米と言い、定追損米は、それが定例化したものを指す（『防長歴史用語辞典』）。

「三老上書」は、宝暦改革との関連で有名であるが、藩政の危機に際して、老臣に封事を提出させるのは、寛永二十一年（一六四三、十二月十六日に正保と改元）に藩主毛利秀就が行ったことをはじめ、数度の先例があり、重就が最初ではない。これを考慮して、長府支藩から萩本藩を継いだ重就が、家臣の動揺を防ぐため、著名な三老臣に意見を求め、秩序の維持をはかったものと言われている（福尾猛市郎「長州藩宝暦改革の意義と地元資本の育成」『史学研究三十周年記念論叢』）。事実、三老臣は、「御代初之儀、御年若之殿様御威光之御守立」の必要性を強調し、要職者は言うまでもなく、家臣一同が新藩主の重就を守り立て、藩政に亀裂が生じないようにするべきであると説いている。したがって、「三老上書」は、本格的な藩政改革の方策としては中途半端であり、一段と進んだ改革案を呼び起こす役割を果たしたと見るべきであろう。

宝暦四年度の財政状態

萩藩には、宝暦四年度（八月から翌年七月）の財政状態を示す「御所帯根積」が残っており、これによって、同藩の経常収支と借米銀を詳細に知ることが出来る。それを表1に整理しているが、大略を知るため、主要項目のみを示し、他は「雑収入」や「その他」としてまとめている。

米の収入

防長両国の実高は、八二万七三七一石余に達していたが、長府・徳山・岩国・清末の四末家に一八万三〇二二石余を分知し、一門・寄組以下の諸臣の給地として一九万七二〇三石余を与えていたので、萩藩の蔵入高（直轄地の石高）は、四四万七一四六石余であった。このうちから荒廃地・寺社領・庄屋畔頭給・公衙敷地などの二万五九六三石余を除くと、四二万一一八三石余になり、その年貢米（口米を含む）が一三万六七四〇石余（免率三二・五％）であった。萩本藩主は、毛利氏宗家として防長両国（実高八二万七三七一石余）を領有していたが、実際には、蔵入地からの年貢米（物成米）収入が、一三万六七四〇石余にすぎなかったのである。米収入の総合計は、雑収入と馳走米を加えて、二四万七〇七九石余になった。

米の支出

これに対して、米の支出は、合計二八万二二一三石余であった。差引不足高は、三万五一三四石余に及んだが、実質的収入の諸郡新古入替米・借米等借戻米二万四一八六石余があったので、最終的な不足高が一万九四八石余になった。

銀の収入

銀の収入は、総合計が正銀(しょうぎん)四七四〇貫目余、札銀(さつぎん)一七六五貫目余である。しかし、大坂運送米代銀と札座(さつざ)引替銀は、支出米として、大坂運送米代銀と札座引替銀が計上されているので、これと相殺されるものである。したがって、大坂運送米代銀と札座引替銀を除くと、実質の収入銀は、正銀換算で四一三一貫目余になる。このうち紙売支払銀が四三・三％、生蠟売払代銀が二〇・五％を占めており、二つで収入銀の六三・八％に達している。このため、重就は、請紙制の再建と櫨蠟(はぜろう)の専売制に乗り出すのである（第五—四、五）。

銀の支出

銀の支出は、正銀一万四三〇七貫目余・札銀三二〇三貫目余であったので、差引不足高が正銀九五六六貫目余・札銀一四三八貫目余になった。これを削減するため、大坂と国元の銀主と交渉して、「大坂借銀借戻分」正銀三七五三貫目余と「国元借銀借戻分」正銀二四一貫目余・札銀七〇貫目余を得ても、まだ「差引定不足銀」が正銀五五七二貫目余・札銀一三六八貫目余も残った。なお、他藩との比較や理解の便宜のため、宝暦四年の大坂における金銀相場の平均額（一両＝五九匁）で銀高を金高に換算して示すと、定

表1－1　宝暦4年度の財政状態（収支高）

米高		銀高		
収入米 支出米	247,079石 282,213石	収入銀	正銀 札銀	4,740貫目 1,765貫目
		支出銀	正銀 札銀	14,307貫目 3,203貫目
差引不足米	35,134石	差引不足銀	正銀 札銀	9,566貫目 1,438貫目
入替・借戻米	24,186石	大坂借銀借戻分 国元借銀借戻分	正銀 正銀 札銀	3,753貫目 241貫目 70貫目
差引定不足米	10,948石	差引定不足銀	正銀 札銀	5,572貫目 1,368貫目

註 「御所帯根積」により作成。

表1－2　宝暦4年度の財政状態（収入高）

収入米		収入銀		
年貢米 種・作飯利米 雑収入米	136,740石 5,271石 6,215石	諸郡畠銀 酒屋・酒造立銀 雑収入銀	正銀 正銀 正銀	802貫目 299貫目 395貫目
小計	148,226石	小計 (札銀換算)		1,496貫目 (1,765貫目)
家臣馳走米 地下馳走米	74,118石 24,735石	紙売払代銀 大坂運送米代銀	正銀 正銀	1,788貫目 1,610貫目
合計	247,079石	生蠟売払代銀 札座引替銀	正銀 正銀	847貫目 495貫目
		合計	正銀 札銀	4,740貫目 1,765貫目

註 「御所帯根積」により作成。

表1－3　宝暦4年度の財政状態（支出高）

支出米		支出銀		
家来扶持米等	89,687石	江戸表定月送銀	正銀	1,155貫目
国元借米返済	64,281石	江戸番手仕送銀	正銀	1,138貫目
大坂運送米	40,257石	江戸番手内参勤銀	正銀	100貫目
諸郡払米	32,051石	江戸小計	正銀	2,393貫目
札座引替米	17,775石	大坂借銀返済分	正銀	9,865貫目
その他	15,175石	大坂借銀宝蔵流用分	正銀	350貫目
大坂運送米去年不足分	23,124石	京・大坂入用銀	正銀	347貫目
		その他	正銀	200貫目
合　計	282,213石	大坂小計	正銀	10,762貫目
		諸郡払銀	札銀	801貫目
		救米方払銀	札銀	619貫目
		借銀返済	札銀	618貫目
		借銀返済	正銀	302貫目
		城方諸役所仕渡銀	札銀	470貫目
		米方不足米買入銀	正銀	439貫目
		その他	正銀	411貫目
		その他	札銀	695貫目
		国元小計	正銀	1,152貫目
			札銀	3,203貫目
		合　計	正銀	14,307貫目
			札銀	3,203貫目

註 「御所帯根積」により作成。

不足高は一一万四〇八四両になる。

ここでは、大坂借銀返済分の九八六五貫目が正銀支出の六八・九%に及んでいることから、大坂借銀が財政を極端に圧迫している実態を指摘しておきたい。大坂借銀宝蔵流用分の三五〇貫目は、大坂借銀の返済分として流用したものなので、大坂借銀と見るべきである。したがって、これを加えると七一・三%に達する。


このように、萩藩が家臣や農民から馳走米を徴収し、借米や借銀の「借戻」を行っても、宝暦四年度の財政収支は、不足高が米方で一万九四八石余、銀方で正銀五五七二貫目余・札銀一三六八貫目余に達しており、大幅な赤字になっていたのである。

表2は、萩藩の借銀（正銀表示）と借米の様子を示している。大坂借銀は、元利合計一万六八一四貫目余で、国元借銀は一六六四貫目余であり、総合計が一万八四七八貫目余（三一万三一八六両）に達している。また、国元借米は、元利合計一一万二七六〇石余である。このうち、宝暦四年度の「払銀」「払米」として、大坂借銀用の五〇七一貫目余、国元借銀用・借米用の四六五貫目余と六万四二八一石余が充てられている。

寛延四年（宝暦元年、一七五一）七月、重就は、代初め祝儀の思いを込めて、家臣の馳走米を一五石から一〇石に減じた。しかし、その後、大坂米切手訴訟事件の処理に加えて、

「御米紙櫨蠟等下直」になり、萩藩は、借銀の利息も払えないような状態に陥った。このため、重就は、宝暦三年（一七五三）八月に馳走米を当初より三石も多い一八石とし、翌四年八月に財政の悪化を理由に、向こう四年間を限り、家臣の馳走米を一八石から二〇石に引き上げ、農民にも一石に付き四升の馳走米を課した。この二〇石が知行高一〇〇石の四成（税率四〇％＝四〇石）の半分に当たるので、半知（はんち）の馳走米と言う。

これによって、「御所帯根積」では、半知の馳走米が七万四一一八石余、地下の馳走米が二万四七三五石余になり、合計九万八八五三石余の収入が見込まれていたのである。なお、馳走米は、禄高によって「段分」が行われていたが、ここでは大半を占める高一〇〇石以上の家臣に課されたものを示している（『毛利十一代史』七冊）。

表２－１　借銀高

大坂借銀	
元銀	15,894貫目
利息銀	920貫目
小計	16,814貫目
国元借銀	
元銀	1,533貫目
利息銀	131貫目
小計	1,664貫目
合計	18,478貫目

表２－２　国元借米高

国元借米	
元米	107,250石
利息	5,510石
合計	112,760石

註　表２－１・２ともに「御所帯根積」より作成。

以上のように、萩藩は、経常収支の不足を馳走米・大坂借銀・国元借銀米によって補い、かろうじて財政を運営していたのである。

毛利広漢の隠居

重就は、財政の破綻状態のもとで、藩政改革の必要性を痛感していたが、世子の擁立問題を契機に一門・寄組との対立が深まったため、彼らの協力が得られず、改革に着手することができなかった。しかし、重就は、宝暦四年五月に江戸加判役毛利広漢(ひろくに)(一門阿川毛利氏)の勤務不行届と不敬を咎めて加判役の罷免と「遠慮(えんりょ)」を命じ、六月に隠居させた(「諸事小々控」)。なお、「遠慮」は、刑罰の一つで、門を閉じて屋敷に篭居することであるが、潜(くぐ)り門は閉じなくてもよく、夜間には目立たないように通行することが許されていた。

毛利広定の当職辞任

同じ月(宝暦四年六月)、当職毛利広定は、「病身旁ニ付」き、重就に辞表を提出した。しかし、その真意は、先述のように、深刻な財政運営の行き詰まりとともに、一門の宍戸広周・毛利元連・毛利広漢との対立にあった。このため、重就は、一門・寄組との関係を考慮し、病気を理由として兄である広定の辞職を認め、益田隼人(ますだはやと)(広道(ひろみち))と当職添役(御手廻組頭兼役)として広定を補佐していた梨羽頼母(なしばたのも)(広云(ひろとき))の二人を当職に任じ、隔月の勤務を命じた(広云は五年二月に辞任)。ただし、広定には、従来通りに出勤し、当職二人を指導するように依頼していることから、依然として広定は藩政の重要事項に関与していたと言えよう（「諸事小々控」）。六か月後の十一月に、広定は、早くも加判役に復帰した。これによって、毛利広定の当職辞任は、毛利広漢の処分に対する家臣の反発を避ける意図によるものであったことがわかる。

地元資本の成長

萩藩は、宝暦四年（一七五四）三月、萩・樽屋町の町人熊屋五右衛門に御用銀の調達を命じた。五右衛門は、ただちに赤間関に赴き、「銀詰」りのなかで奔走し、四月に銀一〇五貫目を調達して所帯方に納め、その「引当」（抵当）として、萩藩から米三五〇〇石を得た（熊屋家「勤功書」）。先述の「御所帯根積」には、米三五〇〇石について、彼に「石別正銀三拾目替」で先買させ、九月に米を渡したと記されている。以後、五右衛門は、御用銀の調達と他国米の購入に奔走し、萩藩の御用達としての地位を築くのである（以下、福尾猛市郎『熊谷五右衛門』による）。

熊屋五右衛門

熊屋家は、初代の太兵衛が、寛永期（一六二四～四三）から慶安期（一六四八～五二）頃に阿武郡川上村相原組熊谷（現在も川上村）から城下町萩に移り、酒造業を営んで財産を築いた。五右衛門は、享保四年（一七一九）八月に三代五郎左衛門の五男として生まれ、少年期に赤間関阿弥陀寺町の豪商伊藤十郎左衛門（盛昭）の下で躾を受け、商売の見習いもしたと言わ

熊屋五右衛門の調達銀

萩豪商の熊屋（熊谷）家（萩市郷土博物館写真提供）

れている。伊藤家は、代々赤間関の大年寄役と本陣（「東之本陣」）を勤める豪商で、長府藩から豊東郡引島（下関市彦島）で三〇石の知行地を給されていた。同家が立花・宗・松浦・細川・中川・大村・出雲松平などの諸大名とも深い関係を有し、厚遇されていたことも知られている（『下関市史』資料編Ⅳ解説）。

五右衛門は、赤間関から萩に帰り、元文五年（一七四〇）に二三歳で樽屋町に店を設けて分家した。独立後の彼がどのような経済活動をしたかは明らかでないが、御用銀の調達を命じられたことから、金融・仲買などを営んでいたと考えられている。

五右衛門は、宝暦四年から安永元年（一七

七三）までの二〇年間に、所帯方上納銀五一五六貫五〇〇目、当用借上納銀五九四四貫五〇〇目、その他、上納銀六九九貫目の合計一万一八〇〇貫目に達する御用銀を調達した（「調達録」）。これを一両が六三匁（同期間の平均高）として換算すると、約一八万七三〇〇両になる。

この間、彼は、宝暦十年十二月に殿様「御目見之町人」となって合力米八石（明和三年に二〇石）の給付を受け、同十四年頃に「札座御用聞」になり、明和五年（一七六八）に今魚店町に広大な屋敷を構えて樽屋町から移った。さらに、彼は、安永二年三月に「御悩借方御用聞」になって合力米二〇石・一〇人扶持（翌三年に二七人扶持）を受け、同五年十一月に「身柄一代大年寄」（天明四年に「永々大年寄格」）となった。

萩藩は、家臣の借銀を公的に保証する「公借添状借」を行っており、その公借事務を「御悩借方」が担当していた。「公借添状借」は、引米借・上方奉書借・他国借・上々様御貸銀・祠堂銀借・宝蔵銀借・八組借などであるが、そのうち主な引米借と上方奉書借について説明すると、前者は、家臣が知行米を担保にして藩から借銀し、年賦で返済するもので、後者は、一門・寄組または一〇〇〇石以上の家臣が上方町人から借銀する際に、藩が奉書によって保証するものである。五右衛門が財政運営を司る所帯方のみでなく、「御悩借方」の御用聞にも任じられたのは、資銀調達の能力が増大したことを示している。

熊屋五右衛門の役割

このように、五右衛門は、主として赤間関で資銀を調達するとともに、赤間関や領内の諸港で他国米を買い入れて所帯方に提出し、その利息と米の販売から差益を得て銀主や問屋に分配する役割を果たしていたのである。これによって、彼は、藩財政と深く関わりながら金融資本として急激に成長し、大坂でも御用銀を調達し始め、城下町の成立期から町政の肝煎りとして大年寄を世襲してきた深野・近藤両家と並ぶ萩の豪商となったのである。

しかし、明和期以後、萩藩が西廻り海運に着目し、領内の伊崎（下関市）・中関（防府市）両新地の開発と室積港（光市）の整備をすすめ、この三港が他国廻船との交易市場として発展すると、長府領赤間関や大坂から御用銀を調達する熊屋五右衛門の立場が弱体化していった。さらに、萩藩の撫育方（後述）が経済活動を積極的に行うようになったことも、これに拍車をかけることになった。

天明五年（一七八五）十二月、萩藩は財政整理を行い、同四年以前の借銀返済を凍結するとともに、五右衛門にも扶持米の停止と調達銀の未済分・銀一八六〇貫目余の「利銀引下」を申し渡した。これに対して、彼は、翌六年一月に「申上候事」（「御願書之控」）を所帯方に提出し、利息の引け下げが御用銀の調達を困難にすると述べ、善処を嘆願したものの応じられず、次第に御用銀の調達も困難になった。そして、天明六年閏十月、彼は、「進退差閊此時御座候」と言う状態に立ち至り、老齢（六八歳）を理由に隠居を願い出た（同八年十月に許可）。こうして、熊屋五右衛門は、御用銀の調達で萩を代表する豪商になったが、その役割を終えたのである。

二　高洲就忠の登用

宝暦六年（一七五六）九月、高洲平七は、抜擢されて当職裏判役になり、約一か月後に当職手元役南方又八郎（親之）・所帯方蔵田安右衛門（定英）らとともに大坂に赴き、豪商の上田三郎左衛門・加島屋久右衛門・鴻池善八と「新古之御借銀」と「浜方先納借」について交渉し、借銀の返済繰り延べと質米切手の支払猶予を基本とする対応策をまとめ、暮れに帰萩した。この功績が認められて、平七は、金一〇両を受領し（「諸事小々控」）、翌七年三月に重就から「就」の一字を拝領して就忠と改名した（「譜録・高洲一格盛朝」)。

大組高洲家

彼は、神村五郎兵衛（親種）の四男で勝五郎と称していたが、享保十四年（一七二九）に母の実家高洲家（大組、知行高五五〇石）の養子になった。高洲氏は、平清盛から四代の孫季衡の後裔で本姓が椙原氏であったが、観応二年（一三五一）に椙原左衛門尉（信平）が将軍足利尊氏から備後国福田庄（広島県福山市）と高洲庄（同、尾道市）の地頭職を与えられて移り、高洲庄（高須庄）に在城したため、高洲氏（高須氏）と称するようになった。高洲氏は、備後国の有力国人衆として活躍していたが、高洲右馬之助（元盛）のときに毛利治部少輔（興元）に属し、さらに、毛利元就に臣従した。勝五郎の養父高洲平七（盛詔）は、知行高五五〇石で大組に所属していた（「閥閲録・高須惣左衛門」）。享保十四年十二月に養父高洲盛詔が死去したため、勝五郎は、翌十五年三月に一五歳で家督を継ぎ、一格と名を改めた。同十九年十一月、高洲一格は、奏者役に就任し、元文三年（一七三八）五月まで約五年間も勤務した。しかし、彼は、奏者役の辞任とともに、扶持方成になり、その後も、再度、奏者役と扶持方成を経験した。この間、彼は、同四年一月に養父盛詔の娘と結婚したのである。

扶持方成

扶持方成は、寄組・大組で知行地を持つ家臣が生活に困窮し、諸役を負担できなくなった際に、藩府が借銀を保証し、返済が終わるまで知行地を預かり、扶持米を支給するものである（「引米借」）。扶持方成になると、家臣は、御目見得の不許可、藩主送迎の禁止、先祖法要の規制、傍輩間の交際禁止、市中外出の制限、養子縁組・婚姻の制限など、藩府から生活全体に厳しい干渉を受けた（『防長風土注進案・研究要覧』）。一格が扶持方成になったことは、高洲家の知行高が五五〇石とは言え、当時、家計が逼迫していた事実を示している。

延享二年（一七四五）閏十二月、高洲一格は、扶持方成を解除されて出仕し、翌三年七月に高洲家代々の名である平七を襲名した。その後、高洲平七は、延享五年（七月十二日に寛延と改元）の三月と七月に上関に赴き、朝鮮通信使の往復の応接を行い、寛延三年（一七五〇）九月に徳山藩主毛利山城守（広豊）が来萩した際に接待役を勤めた。彼は、有能な人物と目されていたが、これらの勤務で評価を高め、宝暦六年九月に当職裏判役に抜擢されたのである。

高洲就忠の裏判役就任

宝暦七年の冬、当職益田広道は、財政運営に行詰まって、在府中の重就に辞職を申し出たが、参勤の帰国が間近に迫っていることもあって、翌八年の春に慰留されていた。しかし、再度、彼が辞職を申し出たので、重就は、財政再建策を示さず、参勤の費用や国元・江戸の経費も準備せずに、折返し辞職を願い出るのは不心得であると咎め（「諸事小々控」）、同年九月に当職益田広道を罷免して蟄居を命じ（十一月に解除）、毛利広定を当職に任じた。毛利広定は、財政逼迫を理由に辞退したが、結局、十月に当職に就任した。

毛利広定の当職復帰

当職に復帰した毛利広定は、当職裏判役高洲就忠と三老臣の一人坂時存を自宅にたびたび招いて藩政改革について相談し、財政再建策を提出するように求めた。後述のように、当職は、藩主が在国中は本丸殿中の下御用所に出勤し、出府中は自宅と蔵元役所で執務していた。したがって、重就の在国中に当職広定が二人を自宅に招いて相談したことは、私的な会合であったことを意味しており、彼らの親密さを示していると言えよう。その後、十月に当職裏判役就忠が「御仕組一件」、十二月に坂時存が「上書」を提出した。前者は、「御仕組一件之袋ニ有之候草案」が書き写されて、「御仕組一件扣」（「御仕組伺書抜写」）として伝来しており、筆者は不明であるが、当時の状況や内容から見て、就忠が作成したことは明らかである。後者は、「御国政再興記　第一」に収録されている。

この「御仕組一件扣」で、当職裏判役就忠は、宝暦八年度予算で国元経費が銀四六一貫目余、江戸・大坂経費が八六九貫目余、旅役経費が二一九貫目余も不足するので、

藩政改革の準備

藩府の諸経費を一〇%、江戸藩邸の諸経費を一五%、旅役之諸経費を二六%ほど節減するように求め、諸役人の削減、番役期間の延長なども主張した。その一方で、借銀差引方、倹約方、寄組已上所帯差引方、諸給領上納米せり立方の新設を提案した。

借銀差引方は、従来、所帯方の経理のなかに混在していた家頼中馳走米と地下馳走米を別途に管理し、借銀の返済・借換え・利下げなどを行うものである。倹約方は、倹約によって得た米銀を所帯方から引き取り、管理・運営するものである。

寄組已上所帯差引方は、一門・寄組諸家の「所帯捌」きが「上御所帯と打込ニ相成」っていたので、明確に分離して管理するものである。一門・寄組諸家の経理は、元来は未定方が取り扱っていたが、近年は遠近方の兼役となり、当職手元役や所帯方が相談に乗っていたので、遠慮もあって管理が曖昧になっていた。しかも、一門・寄組諸家は、馳走米などの上納に協力的でなく、上納米が滞り、財政逼迫の原因の一つになっていた。寄組已上所帯差引方は、一門・寄組諸家の不納米の一掃に乗り出し、藩府が不納米の割合に応じて彼らの知行地を預かり、年賦で清算させることとした。この方法は、扶持方成に似ているが、役方を設けて、強硬に不納米の清算を要求したことに特徴がある。

諸給領上納米せり立方も、一門・寄組諸家と同様に、大組諸家の不納米の清算を行うものである。

重就は、就忠の提案を承認し、十一月に借銀返済方（借銀差引方を改称）、倹約方、寄組已上所帯差引方、諸給領上納米せり立方を設置し、借銀返済方に佐々木五右衛門（満令）、寄組已上所帯差引方に粟屋伝二兵衛（信久）を任命した。

当然、一門・寄組・大組の諸士の反発が予想されるにもかかわらず、強硬策を打ち出したところに、重就の藩政改革に対する並々ならぬ意欲がうかがえる。もちろん、当職広定と当職裏判役就忠の下に、羽仁五郎左衛門（正之）・佐々木満令・粟屋六郎右衛門（勝之）・坂次郎右衛門（時連、時存の子）らをはじめとする改革派の家臣が結集したことも、これに与っていた。なお、倹約方と諸給領上納米せり立方は、所帯方の兼役となったと思われるが定かでない。

高洲就忠の記録所役兼帯

同年十一月、当職裏判役高洲就忠は、記録所役の兼帯を命じられた。記録所役は、記録所出頭とも言い、御手廻頭に属して殿中記録所の事務を統括し、格式の調査、記録の整理および礼式作法を管掌するとともに、表番頭・御使番・目付・日帳方などを指揮下に置いていた（『もりのしげり』）。記録所は、本丸の殿中で、藩主の居所である御奥（表の居所で江戸城の中奥に相当する）と当職が執務する下御用所の中間に位置し、当役・御手廻頭・奥番頭が控える御奥の大次部屋や上御用所にも近い場所にあった。また、記録所は、月番の国元加判役が要職者の任免を申し渡す所でもあった。このように、記録所役は、同じく御手廻頭に所属する御奥番頭が小姓役(こしょうやく)から昇進し、他藩における側用人の役割を担っていたのに対して、表方（政務）に関する用人であったと言えよう。当職裏判役・記録所役高洲就忠は、「内聞之取次役」として藩主重就に仕え、「御前御差引之御用御取次仕候様」（「御直筆者壱通」）になった。

坂時存の上書

他方、坂時存は、「上書」で他領借問題の解決、宝蔵銀の増蓄、備荒貯米の充実、定追損米の整理（検地の実施）、港の整備・設置、開作の築立、馳走米銀の再検討について具体的に献策した。以後、この「上書」と就忠の「御仕組一件扣」が、車の両輪のように補いながら、藩政改革の基本政策を形成するのである。

同年十二月一日、重就は、九か条からなる直書(じきしょ)を家臣に公布し、最初の条で、

> 倹約については、数年前から当職をはじめとし、諸役所の役人も各々詳しく調査・検討してきたが、いずれも長続きせず、現在では、上下とも財政の逼迫に苦しみ、藩の大難になっている。これは、いたずらに枝葉末節にこだわって根本を見失い、且つ、各々自分の考えを公のものと言うので、家臣や庶民の心の底に徹せず、仕法

を厳重に申し付けても、三年から五年のうちに崩れるのである。このため、今後は、重就自身が深く省みて、率先して倹約の範を皆に示そうと思う。執役の者も、この意をよく承知し、各自が行ないを慎み、少しでも奢りや贅沢または勝手気ままな振る舞いの心があってはならない。こうして、全部の家臣が万事を質素にし、外聞を気にせず、倹約の本意を叶えるなら、諸人も自ずから信服し、制度も成り立ち、やがて藩の大難も脱することができるであろう。

と述べて決意を披瀝し、家臣の和合、弊政の改革、建白の奨励、礼儀の尊守、訴訟の迅速処理、綱紀の粛正、文武の奨励および役人の削減を諭旨した（「御直筆物壱通」）。ここには翌年から開始される藩政改革の骨子が示されている。

三　藩政改革の開始

宝暦九年（一七五九）二月十一日、重就は、当役清水元周の辞任を認め、江戸留守居役梨羽広云を後任とし、やがて参勤するので、途中の伏見まで上って出迎えるように命じ、その間は御手廻頭の国司主税（広和）・日野内蔵（広当）を暫役（臨時の役職）とした。前述のように、梨羽広云は、以前の当職添役の頃から当職毛利広定と親交があり、深い関係を有していた。

仕組方役所

また、藩主重就は、二月十八日に坂時存・羽仁正之・佐々木満令・粟屋勝之の四人を御仕組方に任じ、「獅子之御廊下」に設けた仕組方役所に「いつれも日々出勤」するように命じた。同役所の実務を担当したのは、所帯方の帳方役から転じた村田四郎左衛門(為之)で、後に、萩藩の天保改革で活躍する村田四郎左衛門(織部・清風)の祖父である(「諸事小々控」)。

元来、仕組は、藩府の財政整理や諸家の家計整理に用いられるものであるが、御仕組と称する際は、藩政改革や財政改革を意味する用語である(『防長風土注進案・研究要覧』)。したがって、御仕組は、初代藩主毛利秀就以降歴代藩主のもとで実施されていたが、その際は当職が指示する形式で行われていた。しかし、今回は、重就に直属する御仕組方が任命され、仕組方役所が設置されたことに特徴がある。当職裏判役・記録所役高洲就忠は、重就から直接指示があるので、仕組方役所が「獅子之御廊下」に設けられたと述べている(「御国政再興記　第一」)。このため、彼ら四人は、「御前御仕組方(ごぜんおしくみがた)」(以後、御前仕組方とする)と称されたのである。

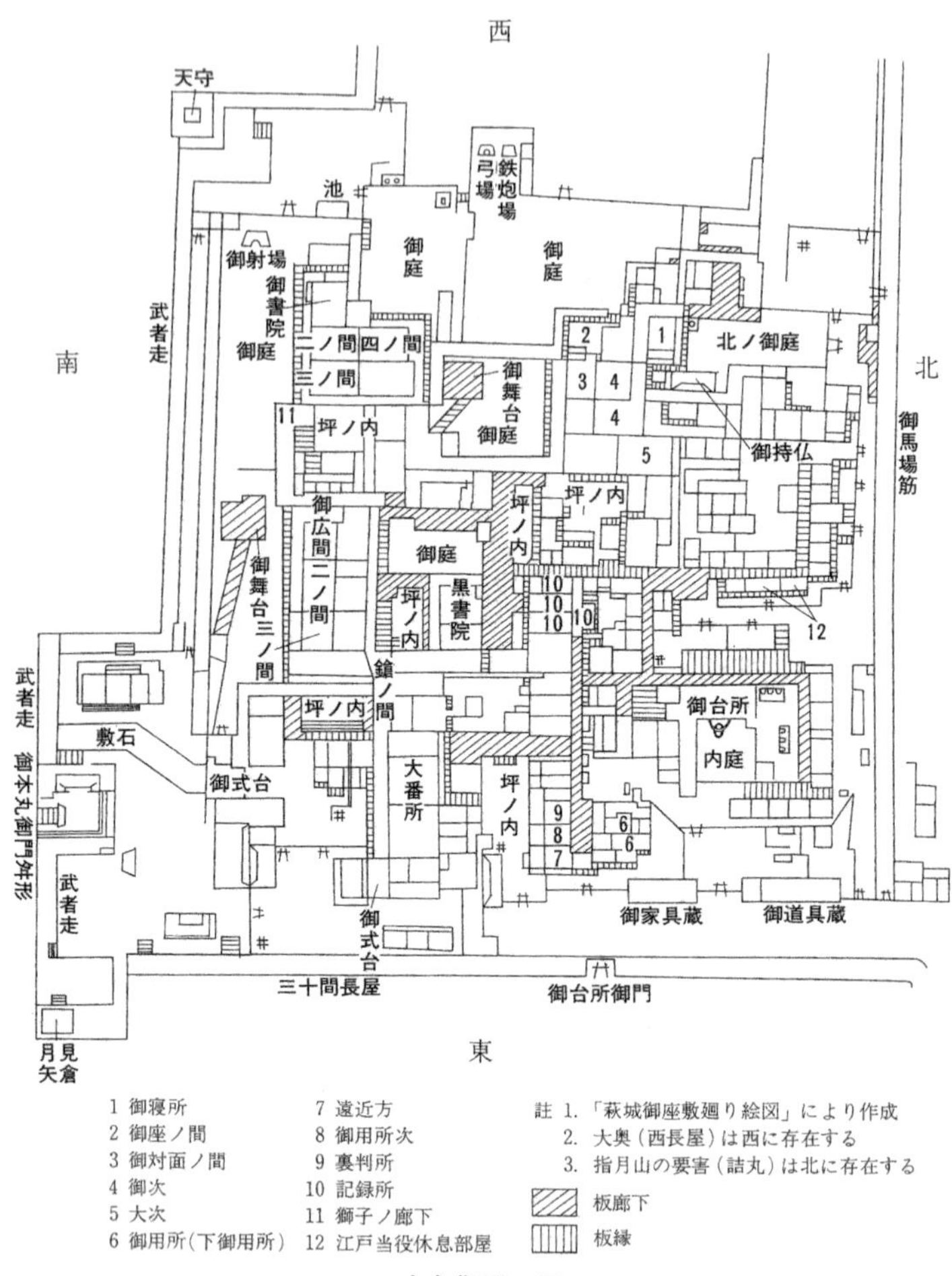
西
南
北
東
天守
池
弓場
鉄炮場
御射場
御庭
御庭
武者走
御書院
御庭
二ノ間
四ノ間
三ノ間
御舞台
御庭
北ノ御庭
御持仏
坪ノ内
坪ノ内
坪ノ内
御広間
二ノ間
御庭
黒書院
坪ノ内
御舞台
三ノ間
鎗ノ間
坪ノ内
御台所
内庭
武者走
敷石
御本丸御門枡形
御式台
大番所
坪ノ内
武者走
御式台
御家具蔵
御道具蔵
三十間長屋
御台所御門
御馬場筋
月見矢倉
1 御寝所
2 御座ノ間
3 御対面ノ間
4 御次
5 大次
6 御用所(下御用所)
7 遠近方
8 御用所次
9 裏判所
10 記録所
11 獅子ノ廊下
12 江戸当役休息部屋
註 1.「萩城御座敷廻り絵図」により作成
2. 大奥(西長屋)は西に存在する
3. 指月山の要害(詰丸)は北に存在する
板廊下
板縁

本丸御殿の図

獅子の御廊下

当時の座敷配置の様子は、明和五年（一七六八）の「萩御城御座敷之図（御広間・御書院・御黒書院）」が詳細に伝えている。これによると、「獅子之御廊下」は、大書院と大広間の中間に位置し、北側の「御料理之間」に対して、南側を占めており、廊下とは言え、縦長の大部屋で、「御料理之間」の側にある大記録方の部屋の三倍近い広さを有していた。実際に通行するのは、「御縁通」であるが、大書院と大広間を繋ぐ「御縁通」は、「御料理之間」に沿って通っていた。「獅子之御廊下」から記録所や御奥の大次部屋・上御用所に至るのは、大広間の南側と下手の「御縁通」を通るようになっていた。大広間の南側の「御縁通」には、「記録所役以下役人通り」と付箋が貼られている。大書院は、上の間・二の間・竹の間・三の間・四の間から成り、最重要の公式行事が行われた。万治三年（一六六〇）九月に「当家制法条々」（万治制法）が一門・組頭・寄組などの重臣に公布されたのも、この座敷である。大広間は、御広間上段・御広間・二の間・柳の間・三の間・四の間から成り、正月の儀式をはじめとする重要な公式行事が行われた。貼紙には、二の間に御一門・益田福原・老中・若年寄・御手廻頭、柳の間に八組頭・御船手頭（おふなてがしら）・寄組中などの記事が見える（三の間と四の間は省略）。このように、御前仕組方は、記録所や御奥の大次部屋・上御用所に近い「獅子之御廊下」で執務したのである。

一方、当職が執務する下御用所は、大次部屋や上御用所の反対側（東側）にあり、両者を繋ぐ場所に記録所が位置していた。下御用所の南側には、「鑓ノ間（やりのま）」を付設する大番所があり、玄関からの侵入者を防いでいた。下御用所の建物には、裏判役や蔵元両人役をはじめとする当職座諸役の部屋があった（「萩城御座敷廻り絵図」「萩御城元御座敷之図」。『萩市史』一巻）。このように、当職裏判役高洲就忠は、記録所役・「内聞之取次（ないぶんのとりつぎ）」として、大次部屋・上御用所、下御用所および「獅子之御廊下」（御前仕組方）の中間に位置する記録所で主として執務し、三者の連絡と調整を行ったのである。

当職の執務形態

もっとも、当職が本丸殿中の下御用所に出勤するのは、藩主が在国中のみで、出府中は三の丸にある蔵元役所と自宅で執務していた。当職の執務形態は、「御当職所日記」によって明らかにされている（山崎一郎「萩藩当職所における文書の保存と管理」『山口県文書館研究紀要』二三）。それによると、当職は、藩主の在国中には、原則として毎日下御用所に出勤するが、藩主が出府中には、一か月の三分の一を蔵元役所、三分の一を自宅で執務しており、残る三分の一を寺参りなどの外出にあてている。これらは、いずれも公務であり、蔵元役所に出向くのは、国元加判役との寄合や重要案件の決済を行うためであった。なお、重要案件以外は、当職裏判役が決済・処理していた。

祖廟誓願と改革宣言

宝暦九年三月五日、重就は城内の洞春寺に詣で「大江朝臣重就、敢へて昭かに太祖洞春公の神位に告ぐ」と、洞春公（毛利元就）の神前に願文を奉じた（原書漢文、本書口絵参照）。

このなかで、彼は、重臣をはじめ下級の家臣に至るまで因循姑息に陥り、制度が弛緩し、綱紀も厳正さに欠けており、「社稷殆ど傾覆す」と言う状態になっていることを指摘し、今後、「老臣広定及び二三の臣僚」と力を合わせ、群臣を率い、寝食を忘れて藩政と取り組むことを誓い、加護を祈っている。そして、人材の養成・登用を行なうため、「学宮を旧制に復し、以て文武道芸を励まし」たいと述べている（前掲三坂。『毛利十一代史』七冊。岸本覚「長州藩藩祖廟の形成」『日本史研究』四三八号。同「長州藩の藩祖顕彰と藩政改革」『日本史研究』四六四号）。

また、彼は、当職広定に直書を与え、自己の考えを具体的に示した。その主なものは、次の三つに要約できる。

・去冬以来、藩政の諸事を藩主に届け、許可を得て施行することとしたので、重就が直接に政務を命じることになった。したがって、諸役人は、十分注意して、命令を伝達し、実行しなければならない。

・去冬に「内聞之取次役」を設けて高洲就忠を任命したので、今後は彼を通して政務を行なう。

・一門・寄組の「豪家」の威を借りて、藩府の命令を無視する者が多いが、これは道理に欠けることであるので、以後、藩府の命令を城下はもちろんのこと、領内の隅々まで行き届くようにする。

ここには、藩政を直裁して権力を強化し、一門の勢力を厳しく抑圧する重就の強い意志が明確に示されている。さらに、重就は、諸役人に精励を求めるとともに、家臣には馳走米を一五石懸りから一〇石懸りに減じて協力を要請した。

この日、羽仁正之が当職手元役・所帯方・郡奉行、佐々木満令が借銀返済方に加えて蔵元両人役・所帯方、粟屋勝之が所帯方、坂時連が札座頭人に加えて当職手元役・所帯方に任じられ、いずれも御手廻組に編入された。これによって、御前仕組方の三人と坂時連は、当職広定と当職裏判役・記録所役就忠の下で、御手廻組として藩主重就に近侍し、当職座の重要な役職を占め、藩政の枢機に参画することとなった。

御前仕組方の羽仁正之は、当職所筆者役に就任の後、当職所右筆、引米方、江戸用所右筆、江戸用所役、当役手元役、長崎聞役（長崎留守居役）、当職手元役（二度）を歴任し、老練な能吏と言われていた。また、彼は、毛利広定が当職に就任してから加判役に転じる間も、当職用談役や手元役を勤めており、広定の厚い信頼を得ていたのである。

佐々木満令

佐々木満令は、藩主毛利吉元の小姓から始まり、八組証人、蔵元監司、作事方検使、江戸方大監司、作事奉行、当職手元役などを勤めていた。粟屋勝之については、次項で紹介する。

坂時連

御手廻組の坂時連は、老父時存の身代わりとして地位が与えられたのではなく、すでに、山口町奉行・蔵元両人役・札座頭人などを勤め、有能な人物と目されていた。

三月五日の直書は、昨年十二月一日の直書を踏まえたものであり、両書を合わせて見る必要がある。その骨子は前回とほぼ同様であるが、今回は、重就の直裁が強調されており、直裁の取り次ぎを「内聞之取次」が行い、蔵元役所の会議も「内聞之取次」を経て報告すること、人材の登用を行うことなど、内容も具体的に示されている。そして、一門・寄組に掣肘を加え、「豪家之威光全可相立道理無之候」と、彼らの勢力を厳しく抑圧し、諸役人に精励を命じた。このように、今回の直書には、藩主重就の藩政を掌握する意欲が全面に出されていたのである。翌六日、重就は、萩城を発って参勤の途についた。

頼母子仕法

同じ月（三月）の十九日、当職広定は、財政運営の補充として、総額銀八〇〇貫目に及ぶ頼母子仕法を発表した。「宝暦九卯年御仕組事書抜」（「御仕組伺書抜写」）によると、この頼母子は、期限を一〇年とし、銀八〇〇貫目を運用して、翌十年の暮から掛銀に応じて利息五%を付けて返済するというものであった。そして、銀高を家臣に五〇貫目（一二五〇人。高一〇〇石に付き銀一三匁五分）、萩市中の町人に三〇〇貫目（七五〇〇人）、諸郡の豪農商に四五〇貫目（一二五〇人）と割り振り、提供を強制した。このような頼母子は、同時期の他藩でも行われていたが、萩藩でも調達銀の一種として実施されたのである。

重就は、三月六日に参勤の途につき、四月五日に神奈川の宿で梨羽広云の出迎えを受けた。梨羽広云は、伏見の宿で待ち受けることになっていたが、江戸上屋敷（桜田邸）で艶姫が疱瘡に罹り、岩之允（後の藩主毛利治親）も病気を患っていたので、「法林院様」（毛利吉元の室）の要請もあって、出立を見合わせていたのである。この日、重就は、正式に広云を老中とするとともに、当役に任命し、参勤に随従していた国司広和の暫役を解いた（「諸事小々控」）。

こうして重就は、当職に毛利広定、当役に梨羽広云、当職裏判役・記録所役に高洲就忠（「内聞之取次」）、御前仕組方に坂時存・羽仁正之・佐々木満令・粟屋勝之の四人を配し、藩政改革への布陣を調えたのである。

藩政改革の開始

宝暦九年五月、当職毛利広定は、重就の意を受けて、一七か条から成る「覚」を発給し、大坂と国元の借銀状態や財政の破綻を率直に述べ、「御仕組」の重要性を説いた（前掲「宝暦九卯年御仕組事書抜」）。また、彼は、「御所帯御仕組之儀引請之面々」が懸命に検討して成案を得たので、重就の直裁を仰ぐため、同月二十八日に高洲就忠・佐々木満令・粟屋勝之の三人に和智三郎兵衛（忠実、高洲就忠の筆者役）・村田為之（御所帯方御帳方旅役・御借銀方本締役兼役）の二人を添えて江戸へ向かわせた。御前仕組方のうち、坂時存と羽仁正之を除いたのは、二人の高齢を考慮したものと思われる。

財政改革の方策立案

高洲就忠ら五人は、六月二十一日に江戸上屋敷（桜田邸）に着き、二十三日に高洲就忠・佐々木満令・粟屋勝之の御目見が許された。ただし、「御座之間」で重就に説明をしたのは、当職裏判役・記録所役で「内聞之取次」でもある高洲就忠のみであり、御前仕組方の佐々木満令と粟屋勝之には、「御対面之間御通懸之御目見」が許されたにすぎない。

重就は、高洲就忠らが持参した「御所帯御仕組」の方策を詳細に検討し、できばえに満足して承認を与えるとともに、当職広定を通して加判役・一門・老中・寄組・組頭などへそれぞれ「御意之旨覚」を与え、「倹約については加判役とよく相談し、実現に努めること、自分の意見は高洲就忠に伝えて帰国させるので、詳しくは彼から聞くこと」

と、家臣に藩政改革への協力を求めた（「諸事小々控」）。なお、承認された方策は、別途、粟屋勝之が持ち帰った（前掲「宝暦九卯年御仕組事書抜」）。

大坂の御用達を三人体制とし協力を要請

高洲就忠・佐々木満令らは、江戸での業務を終え、七月十八日に帰国の途についたが、「大坂表之御用筋旁之儀」のため、大坂を目指した。この「御用筋」は、大坂における資銀調達の閉塞状況を打開するため、近年、加島屋久右衛門一人に命じていた御用達を増やし、「御米紙蠟蔵元懸屋引分」て上田三郎左衛門と鴻池善八を加え、以前のような三人体制に戻すことであった。

高洲就忠は、閏七月に上坂した大坂留守居役榎本伊右衛門（忠真）とともに、加島屋久右衛門と交渉したが、米切手訴訟事件の際に過重な融資を要請し、その後もたびたび資銀の調達を行わせ、御用達の身分を保障していたので、「賄方銀主出来、出銀有之儀不相好道理」と、簡単には久右衛門の合意を得ることはできなかった。しかし、就忠が「七十余之老人」である久右衛門の後も嫡子に御用達を命じること、合力米を二〇〇俵ほど増加して上田三郎左衛門・鴻池善八と同じ五〇〇俵とし、待遇も三人を同等にすること、などを示したので、久右衛門も納得し、八月一日に御用達の三人体制が整った。

長州米の建米復帰

これによって、就忠は資銀調達の見通しを付け、さらに、加島屋十郎兵衛と万屋又兵衛の協力を得て、長州米（中国米）を建米に戻すことに成功し、八月十七日に佐々木満令らとともに大坂を発って二十三日に帰萩した。なお、就忠が携えて帰った重就の「御意之旨覚」は、九月一日に当職毛利広定から加判役・一門・老中・寄組・組頭などへ公布された（同上）。

経費の削減と行政の簡素化

この間、当職広定は、粟屋勝之が江戸から持ち帰った重就の方策承認をもとに、一七か条から成る「御所帯御仕組」の「覚」を作成し、八月一日に蔵元両人所・遠近方・所帯方・郡奉行所・上勘所・未定所に発給していた。これには、経費の削減と行政の簡素化を柱とするもので、「御気遣」料の廃止、兼役料の停止、家臣救済の貸付米銀の一年限定、貸付米銀の返済免除の廃止、所帯方業務の簡素化、旅役銀請払を蔵元両人役から借銀方へ移管などが具体的に示されていた。このうち、「御気遣」料は、役人や家族が病気になった場合、役人が特別に忙しい仕事をした場合、「小身」の家臣が旅役の支度ができない場合、家業人の医師・絵師が道具を調える場合などに支給されるものである。

こうして、藩政改革が開始されたが、高洲就忠は、同年十二月に出府し、重就に国元における「御仕組」の様子を説明するとともに、大坂で御用達の三人体制を整え、資銀の調達に成功して長州米が建米に戻ったことを報告した。以後、就忠は、重就が出府中には、当職裏判役・記録所役の本役を持ちながら、「内聞之取次」として国元と江戸を往復するのである。

四 「地方巧者」の抜擢

毛利重就は、藩政改革の開始にあたって、当職裏判役高洲就忠が率いる御前仕組方の下に「地方巧者」を抜擢し、彼らに実務を担当させた。その例として、村田四郎左衛門（為之）、吉田猪右衛門（房郷）および熊野藤右衛門（為信）を取り上げてみたい。彼らは、決して特異な存在ではなく、他にも実務面で藩政改革を支えた「地方巧者」が数多くいたのである。

粟屋勝之

これに対して、御前仕組方の粟屋勝之は、藩政の重要な役職を歴任して改革を支え続けるが、藩政の枢要に参加できる大組の士であり、「地方巧者」の出ではない。彼は、御前仕組方の一員になる前に、藩府の諸役を勤め、宝暦四年（一七五四）四月に奥阿武代官に就任し、同六年四月から当島代官と浜崎代官を兼役していた。

その後、彼は、同九年三月に所帯方に就任するとともに、御手廻組に加えられて御前仕組方となり、同十三年五月に札座頭人、同年十二月に蔵元両人役を兼役し、さらに、明和三年（一七六六）十二月に所帯方のままで郡奉行添役に転じ、同七年閏六月に郡奉行となった（安永三年八月に所帯方を離れる）。この間、明和六年七月に大坂留守居役の坂時連が死去したので、郡奉行のままで大坂留守居役も兼役した（大坂留守居役の執務は検使役が上坂して代行した）。安永三年（一七七四）八月に再度御前仕組方が結成された際にも、彼は、郡奉行のままで就任し、同七年九月に萩町奉行に転じた後も、所帯方次座を兼ねて「御用人会議」に加わった。このように、粟屋勝之は、大組の士として、藩政に関わっていたのである。

村田為之

村田為之は、先述したように、萩藩の天保改革の推進者として知られている村田四郎左衛門（清風）の祖父である。村田為之の祖父四郎右衛門（直之）は、第二代藩主毛利綱広の代に士雇（扶持方二人・切米二石四斗）として召し抱えられて家人になり、勤功によって、元禄二年（一六八九）二月に三十人通に昇格した。村田直之は、実子がいなかったので、前大津宰判三隅村豊原（三隅町）の庄屋与三右衛門の次男次郎四郎を養子にした。

次郎四郎は、正徳四年（一七一四）八月に養父直之が死去したため、村田家の家督を継いで、村田祖春（定光）と名乗った。彼は、嫡子雇で出仕し、陣僧として「御数寄屋」に勤めたので、養父の通称四郎右衛門を継がず、祖春と称したのである。元和偃武以降、萩藩では、陣僧が本来の意味を離れ、各役所の書調役や助筆を勤めるようになり、勤功によって、束髪を許されて三十人通や無給通に昇格した（『もりのしげり』）。村田定光は、第四代徳山藩主毛利但馬守（広豊）が家督を相続する前に萩にいた頃、その世話をして気に入られ、毛利広豊に推薦されて無給通に昇格した。これを契機に、彼は、通称を四郎左衛門と改め、蓋井島遠見役、山口宰判の作事方、美祢宰判の算用方を勤めたが、算用方のときに、萩の美祢郡問屋横屋伊右衛門の出奔事件に巻き込まれて譴責された。

村田為之の家督相続

村田為之は、父定光の病死によって、元文三年（一七三八）十二月に家督を相続したが、翌四年八月に父定光の失態の責めを負って、「知行之内拾歩壱米六斗」を削減させられた。扶持方二人は、三石六斗（一人扶持は一石八斗）であるので、二石四斗と合計すると六石になり、その一〇％が減少したのである。こうして、彼は、微禄（扶持方二人・切米一石八斗）の無給通として、延享四年（一七四七）から出仕した。しかし、彼が「彼是之御役被仰付」と述べているように、三年間は取るに足らない仕事に就いていた。

彼は、寛延二年（一七四九）の夏から宝暦三年の春まで大坂運送米上乗を六度勤めたが、これを事実上の最初の役として意識している。上乗は、蔵米の運送の際に、廻船に同乗して船頭や舸子の不正を監視する役である。しかし、これは、明和三年の秋から農民が上乗を行なうようになることから見ても、微禄の者に相応しい仕事と言えよう。その後、郡算用究方、新札方本締役、呉服方、倹約方本締暫役を次々に勤め、宝暦七年の暮に所帯方に属し、翌八年二月に所帯方の帳方になった（「譜録・村田四郎左衛門為之」）。

御前仕組方の実務を担当

これらの一連の仕事ぶりが認められて、彼は、宝暦九年二月に御前仕組方が発足する際に、抜擢されて御前仕組方に移り、実務を担当した。そして、「小村帳方懸り」として、「厚薄広狭抨」検地の費用の処理に功績を顕した。他方、この検地が進行中の同十二年二月と翌十三年四月に、萩城下町の豪商熊屋五右衛門とともに大坂に上り、銀六〇〇貫目と大坂運送米の不足分一万二〇〇〇石の代銀の調達を行った（「勤功書ひかへ」熊谷家文書。『熊谷五右衛門』）。

同十二年六月、藩主重就は蔵入地の検地が完了したので関係者の褒賞を行なったが、その際に「最初より引退積書等相調、昼夜遂苦労、御用立抽而出精令心遣候」（前掲譜録）と、為之にも高二五石を加増し、さらに同十三年十二月二十八日に為之の扶持方二人分を「浮米替」にした。これによって、為之の石高は、三〇石四斗になったのである。

翌明和元年八月、為之は、功績が認められて、無給通から一代遠近付に昇格した。彼は子供に恵まれなかったので、大組の兼常宅弥（記形）の妹岩子を養女としていたが、同年閏十二月に御手廻組（御茶堂）の飯田栄伝（伯房）の次男熊次郎を婿養子に迎えた。後に、養子熊次郎は、村田家の家督を継ぎ、村田四郎左衛門（光賢）を名乗った。この人物が村田清風の父である。

大組に昇格

明和六年（一七六九）一月、為之は、奥山代御仕組方に就き、困窮者を救済し、疲弊した村々の復興をはかり、楮苗一二五万本を植え付け、衰退した請紙制の再建に成功した（第五―四参照）。そして、同七年閏七月に引き続いて奥山代代官となり、一代遠近付から遠近付に進み、安永二年二月に前山代代官に転じた。さらに、彼は、同五年十月に所帯方（札座頭人兼役）に就任し、遠近付から大組に昇格した。以後、同七年八月に前美祢代官、天明三年（一七八三）十一月に奥阿武代官、同六年八月に山口代官（町奉行）を歴任し、同年十一月に上関代官（大島郡代官、熊毛代官兼役）になり、地方行政と懸命に取り組んでいたが、在任中の寛政元年（一七八九）九月に病死した（「役人帳」）。

代官のうちでも、山口・三田尻・上関・山代の四宰判は、都合人と称して別格とされていた。また、熊毛・吉田両宰判は、御意座代官（藩主の親任代官）と呼び、一般の代官を平座代官と言っていた（『防長歴史用語辞典』）。晩年の為之は、都合人として、御意座代官と平座代官を兼任していたのである。これによって、「地方巧者」の彼に対する期待の大きさがうかがえるであろう。

吉田房郷

小村帳方頭取役に就任後、わずか四か月足らずで死去した吉田房郷も、微禄の出身であった。彼の養父吉田倫郷は、元禄十二年（一六九九）一月に御供徒士（扶持方二人・切米二石四斗）として召し抱えられ、諸役での功績が認められて、享保十二年（一七二七）閏一月に無給通に昇格し、実子に恵まれなかったので、同十四年十一月に金子五左衛門の弟源七を養子とした。この源七が吉田猪右衛門（房郷）である。

吉田房郷は、宝永五年（一七〇八）に嫡子雇として出仕してから、諸役を懸命に勤め、享保六年七月に熊毛宰判の普請方になり、同八年九月に同宰判の算用方に昇任し、同十三年四月に同宰判の算用方が下代に格上げされた際に、下代に任命された。その後、彼は、同十五年五月に三田尻宰判の下代、元文三年（一七三八）七月に当島・浜崎宰判の下代を勤めた。この間、享保十五年六月に家督を継ぎ、無給通（扶持方三人・切米四石五斗）となった（「譜録・吉田猪右衛門房郷」）。なお、算用方と下代の勤務内容は同じであるが、大きな宰判の場合は、下代（下の代官）と称した。

享保十五年九月、三田尻宰判の下代吉田房郷は、三田尻都合人飯田与市左衛門（親房）

「三田尻諸沙汰」の作成

に八八か条から成る「定」を提出した。これは、宝永二年十一月に当職佐世主殿（広久）が各代官に発給した「覚」（郡中御箇条）を基に、三田尻都合人上山庄左衛門（経匡）の在役中の諸書類（「諸御証拠物以来根物之類」正徳四年〜六年）を参考にして、彼が着任後の三か月余でまとめたもので、「三田尻諸沙汰」と名付けられている（『防府市史』史料II 上）。そこには、下代の職務内容が詳細に記載されており、後任の下代たちは、「三田尻諸沙汰」を手本として、職務と取り組んだと思われる。これらは、房郷が有能な下代であったことを示している。

房郷は、当島・浜崎宰判の下代を勤めたあとに、宝暦三年（一七五三）二月に布施光貞とともに郡用方に就任している。このとき、彼はすでに、遠近付に昇格していた。この郡用方は、郡奉行と同じ役職であるが、石高の低い者が任命される場合の呼称である。

彼は、同六年七月に徳地代官に転任し、同九年三月六日に大組に昇格した。この六日は、藩主重就が城内の洞春寺に詣でて祖廟誓願を行なった翌日にあたる。房郷の大組入は、藩政改革への参加を意味していたと言えよう。同十一年四月、徳地代官の彼は、都濃代官の布施光貞とともに、蔵元役所で当職毛利広定から小村帳方頭取役（兼役）に任命された。その後、検地の準備を進めていたが、同年八月に死去した（「役人帳」）。このように、吉田房郷は、一貫して地方諸役を勤めていたのである。

熊野為信の曾祖父市郎右衛門（貞信）は、明暦二年（一六五六）に御手大工（扶持方二人・切米六石四斗）として召し抱えられ、元禄年中に御手大工から地方御陸士（地徒士または御国徒士とも言う。扶持方四人・切米六石四斗）になり、三田尻大開作（古浜開作）の築立に参加したが、元禄十三年（一七〇〇）三月に死去した。このように、熊野為信も御手大工の曾孫である。しかし、彼の家は、父市郎右衛門（知信）の功績によって、享保十二年（一七二七）閏一月に無給通となった。したがって、為信は、無給通の家の嫡子雇として出仕したのである。

熊野為信は、延享三年（一七四六）五月に幕府の巡見使小幡又十郎（景利）・板橋民部（永盛）・伊奈兵庫（忠衡）が来藩した際に、郡奉行長沼九郎右衛門（正勝）に随伴して諸事務を的確に処理し、能吏として認められた。翌四年二月、彼は、船木宰判の算用方になり、宝暦二年（一七五二）一月に当島宰判の下代、同五年四月に熊毛宰判の下代を歴任し、同六年四月に大坂差引方に転じた。この年の十一月に当職裏判役高洲就忠が、当職手元役南方親之・所帯方蔵田定英らとともに大坂で借銀返済の繰り延べ交渉を行なったとき、為信は大坂差引方として奔走し、その成功に寄与した。彼は、父熊野知信の死去によって、翌七年三月に家督を継ぎ、引き続き大坂差引方を勤め、その後も、大坂における資銀の調達で活躍し、大坂と萩の間をたびたび往復していたが、同十一年九月に郡方本締役になった。彼の転任は、「厚薄広狭抨」検地の実施時期と重なっている。

検地費用の捻出

為信は、郡方本締役として検地に関わり、「其節諸雑用米銀単ニして壱万三千石余之分公米不被差出、郡方修甫其外何歟取集御間被合候」（「譜録・熊野藤右衛門為信」）と、その費用を郡方修補米や豪農の馳走米などで賄い、藩財政の負担を軽減した。その功績が認められて、同十二年六月に高二五石を加増された。

その後、給領地の検地によって、毛利織部（広円、大野毛利氏）領平生と岩国領竪ケ浜の間で争論が起こったので、同十三年三月十八日に現地に赴き、その解決に尽力した。さらに彼は、当職毛利広定が給領地の検地結果を確認するため、同年四月から諸郡を巡視した際にも随伴し、その功績によって、六月に身柄一代遠近付に昇格した。そして、彼は、撫育方が最初に手がけた鶴浜開作で、明和元年（一七六四）十月に開作方御用掛の当職裏判役高洲就忠・郡奉行羽仁正之の下で御開作方頭取役（兼役）に就き、ここでも豪農の馳走米を提供させて、開作費用に充てた。その功績によって、彼は、翌二年九月に身柄一代遠近付から遠近付に昇格した。

重就は、吉田・船木両宰判の一部を分けて伊佐宰判を設置し、遠近付の為信を伊佐代官に任命した。これを契機に、為信は、代官を歴任するようになるのである。その後、彼は、明和八年一月に中熊毛代官、同九年十一月に前山代代官、安永元年（一七七二）十二月に所帯方、同三年九月に熊毛代官、同五年十月十三日に山代代官（同月十三日に前・奥両宰判を合併）、同七年八月に郡用方に就任し、同九年二月に在職のまま死去した。この間、彼は、明和九年二月に遠近付から大組に昇格していた（「役人帳」）。

五　検地の実施

世子毛利重広の死去

世子毛利民部大輔（重広）は、宝暦十年（一七六〇）の春から江戸下屋敷（麻布邸）で「痰咳臥蓐」していたが、「容色日ニ衰フ」状態が続き、六月十八日に危篤に陥り、翌十九日に死去した。重就は、同年五月十三日に徳川家重が将軍職を世子家治に譲って西の丸に移ったので（将軍宣下は九月二日）、祝賀の行事や誓詞血判の提出などで在府していたが、六月二十二日に世子重広の死去を上申し、二十六日に重広を芝・愛宕の青松寺に葬り、隆徳院と謚した。そして、彼は、忌中のため、再度、帰国を延期した（『毛利十一代史』七冊）。

岩之允の世子決定

この間、重就は、帰国を間近に控えていたので、ただちに四男の岩之允（二男、三男は夭逝）を世子に指名し、その許可を幕府に願い出た。岩之允は、わずか七歳であったものの、母が正室登代（筑後国柳川城主立花飛驒守貞俶の次女）であったので、幕府にも異論がなく、七月二十二日に世子として許可された。なお、世子の岩之允は、後に父重就の跡を継いで、第八代萩藩主毛利治親になる。後述のように、治親は父重就の好意に感謝し、重就の引退後も撫育方仕法を忠実に守り、たびたび芝居見物をともにして、父を慰めている。

当職毛利広定は、岩之允の世子推挙について、八月に賛成の請書を江戸に送っている（「毛利岩之允御嫡子推挙御請書案」）。これは、日付が明らかでないが、いまだ岩之允の世子決定を知らないまま書かれているので、同月初旬のものであろう。これによると、当職広定には重就の「御直筆之御書」が届いていること、岩之允を世子に推挙する「殿様御内存」が示されていること、「御親類様方江も御内々被仰合候処」彼らも異存のないこと、幕閣も内諾していることなどがわかる。当職広定と藩主重就の兄弟は、しばしば「内密書状」や「密書」を取り交わしているので、今回も同様の措置が講じられたと言えよう。しかし、重就は、兄広定（一門右田毛利氏当主）以外の国元の一門には相談をせず、岩之允を世子に推挙したため、一門・寄組が激しく反発した。

国元家臣の衝撃

世子重広が二五歳の若さで死去した報せは、国元の家臣に大きな衝撃を与えた。世子重広は、宝暦六年六月に前藩主毛利宗広の遺児誠姫と納采の式を挙げ、次期藩主の座を揺るぎないものにしていたので、国元の家臣にとって彼の死は、にわかには信じがたい思いであったに違いない。このため、世子重広は毒殺されたと言う噂が広まっていたことが指摘されている（前掲「毛利重就の継嗣問題」）。それは、世子重広が重就の正室登代のところで饅頭を食べたところ、急に腹痛を起こし、奥医者から薬をもらって呑み、まもなく死去したと言うものである。この典拠は、滝九華（藩主重就の側儒滝鶴台の孫）の見聞録（安藤紀一筆写本『滝九華雑記』）で、天保期の記事であるが、藩主毛利敬親の病気回復のため、先祖供養を洞春寺で行った際に、重広を「第一」にしたことも伝えている。

もちろん世子重広の死去は、病気によるもので、毒殺などはあり得ないが、そのような噂が天保期まで人々の記憶に残っている事実から、世子重広死去の報せを聞いた家臣の間に根深い疑惑が存在していたことは推測できる。

このような状況の下で、一門の宍戸広周（一門筆頭）と毛利元連（厚狭毛利氏）が書状を当役梨羽広云に送り、萩藩の最重要問題である世子を擁立する際には、国元の一門に相談すること、少なくとも一門の一人には出府を要請し、共に詳細を検討した上で幕府との交渉にあたることなどが従来の慣行であるのに、それを当役広云が怠って重就に言上せず、今度のように世子が決定されたのは軽率の至りであり、家臣の期待に反すると詰問した。

一門の反発

これについて、広周・元連は、両人のみでなく、一門の毛利虎槌（就将・伊豆、吉敷毛利氏）・毛利伊勢（就楨、阿川毛利氏）と準一門の福原肥後（広門）も「各々一同之儀」であると述べている。一門の毛利織部（広円、大野毛利氏）と準一門の益田越中（広堯）は、宍道外記（広慶）とともに加判役を勤めており、立場上、同調できないことを考慮すると、毛利広定の右田毛利家を別とし、一門が今度の世子決定に至る方法に強い不満を持っていたことがわかる。この書状が何時頃当役広云に送られたかは明らかでない。しかし、前後の状況からして、九月五日に重就が帰城した直後のことと思われる。

重就は、九月十七日に重広の遺髪を萩の大照院に納め、隆徳院を手厚く葬り、藩政を総攬していたが、十二月二十日に至って宍戸広周と毛利元連を差控とし、糾弾に乗り出した。この日、重就は、広周の親類で寄組の宍戸善兵衛（就包）・宍戸権之助（知利）、元連の親類で寄組の井原与三左衛門（広以）・内藤与右衛門（広方）を呼び付け、直接、次

反対者の処分

のように申し渡した。

一　今度、岩之允を世子に推挙した際に、当役広云の取り扱いに不行届があったとする広周・元連両人の文言は、当役広云を詰問しているものの、その実は、はなはだ不敬の至りである。

一　岩之允の世子決定には、異存がない旨を書面で提出しているが、今度の態度は、異常なことであり、岩之允に対して意趣があるように見え、さらに、納得が行かず、不審の点が多い。この他にも書面の内容に非礼が多く、普通と違い、大切なことなので、追って吟味を加える。今度のことは両人に不審の筋があるので、出仕を差し止め、裁判・判決の際も出頭させない。

これによって、広周・元連両人は、自宅に閉居し、嫡子宍戸箕松・毛利秀之助とおのおのの親類二四家・二五家も「慎」に服した。

同じ日、広周・元連両人と同意見と言われた毛利就将・毛利就楨・福原広門の三人にも、おのおの家老の出頭が命じられ、実否を糾すことが申し渡された。ただし、現時点では「差控」を申し出るには及ばないこととされた。

翌十一年二月九日、当職毛利広定、加判役毛利広円・益田広堯・宍道広慶、当役梨羽

反対勢力の排除

広云の五人は、広周の親類宍戸就包・宍戸知利と元連の親類口羽木工（通純）・井原主税（就伊、広以の嫡子）を記録所に呼び出し、直目付・目付・当職裏判役・当職手元役・当役手元役の列座の上で、広周・元連両人の「隠居」処分を申し渡すとともに、嫡子宍戸簑松（河内、美濃、就年）・毛利秀之助（遠江、駿河、就盈）の家督相続を許可し、両家の親類の「慎」も解いた。また、調査の結果、今度の事件に毛利就将・毛利就楨・福原広門が直接関与していないことが判明したので、加判役益田広堯から三人に無罪を申し渡した。

一方、この日、重就は家臣の動揺を鎮めるため御意書を発給し、「今度、広周・元連両人に隠居を申し渡したことについて、家臣も承知すべきである。彼らを咎めたのは、一時の立腹のためではなく、これまでもたびたび広周・元連両人の所存に不本望の趣があったからである。その上、我らに対して誠実な志もなく、我意を立て、かえって我らに楯突いたことは、不和を催す仕方である。一門と言う重い家筋なので、陳言をさせるべきであるが、陳言と我意の主張とは相違する。一体にこのような風俗が家中に広まると往々大事に至るので、彼らが不心得でもあり、気の毒であるが、今度のように隠居を申し付けたのである」と、説明した（「御仕置帳―宍戸出雲・毛利七郎兵衛演説御咎一件―」）。

その後、隠居させられた宍戸広周と毛利元連は、おのおの萩の中津江下屋敷と玉江下屋敷に閉居していたが、藩命によって、三月五日に奥玉江下屋敷と中倉下屋敷へ移った。こうして、藩主重就は、一門の長老で有力者の広周と元連を藩政から排除したのである。

検地の実施

この年(宝暦十一年)、当職毛利広定は、三月四日に徳地代官吉田房郷、四月二十八日に都濃代官布施忠右衛門(光貞)を蔵元役所に招き、おのおの兼役のままで小村帳方頭取役に任命した。布施光貞の任命が遅れたのは、都濃(花岡)宰判が幕府巡検使の通路にあたっており、彼が出郡中であったからである。布施光貞は、寛延四年(宝暦元年)三月に小郡代官に就任してから、宝暦二年八月に都濃代官、同三年三月に郡用方(吉田房郷と両人役)、同五年三月に先大津代官、同七年五月に都濃代官など、代官や郡用方を連続して勤め、吉田房郷(前項参照)とともに地方行政に精通した有能な人物であった。

さらに、当職広定は、櫛部新七(慶猶)・岡本源兵衛(名不詳)・三戸四兵衛(基芳)の三人を小村帳方本締役に任じ、頭取役の補佐を命じた。なお、御前仕組方の郡奉行羽仁正之と所帯方粟屋勝之も、兼役として小村帳方に任じられた(「小村帳記録」、以下、これによる)。このように、重就は、二月九日に宍戸広周と毛利元連を処分して反対勢力を抑え、三月四日に検地実施の意志を明確にしたのである。その二日後、彼は、萩城を発って参勤の途についた。

小村帳方頭取役吉田房郷・布施光貞は、本締役の三人の協力を得て、「役人中打寄席を重て申合候上」で、検地を実施する際の要項と問題点を一八か条にまとめ、五月に当職広定に提出した。この作業には、当然、郡奉行正之と所帯方勝之も加わっていた。当職裏判役高洲就忠は、これを携えて六月に当職手元役坂時連（所帯方）とともに萩を発ち、江戸で藩主重就の承認と指示を得て、八月に帰萩した。

一方、江戸藩府では、当役梨羽広云と公儀人服部七郎左衛門（光之）が老中松平右近将監（武元）の用人伊藤軍八を通して、今回の事業は「惣検地」ではなく、小村の「広狭」と「厚薄」を「地抨」し、追損米の整理を行い、農民を「撫育」するために行うものであると説明し、幕府の許可を得た（「御国政再興記　第二」「公儀事扣」「公儀江出ル御書附」）。

小村帳方

小村帳方は、村よりも小さな地域の小村を対象とし、検地を行う役方である。萩藩は、享保末期から宝暦初期にかけて防長両国の村明細・絵図（支藩領を含む）を作成し、地方行政の重要資料としていた。これを引き継いだ山口県庁は、明治十年代に内務省修史局の要請によって、原本を清書し、全体の表題を「地下上申」と名付けて提出した（『防長地下上申』解説）。現在、この村明細・絵図は、一般に「地下上申」と称されている。これ

小村と小名

には、村のなかに小村と小名が記載されており、その絵図には、村名と小村名が四角で

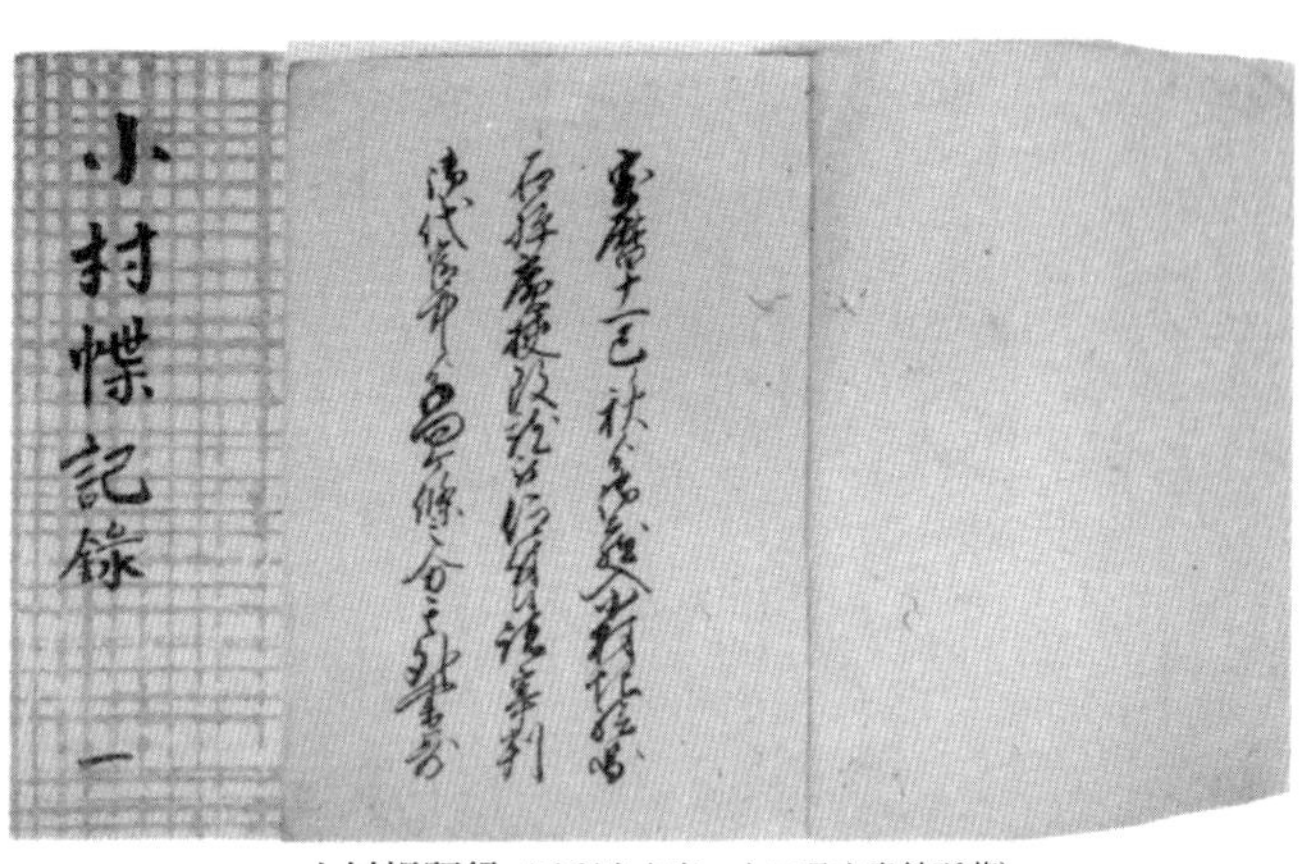

小村帳記録（毛利家文庫・山口県文書館所蔵）

囲われ、小名が丸で囲われている。各小村には、一人ずつ畔頭（くろかしら）が置かれており、半ば独立的に運営されていた。萩藩の畔頭は、他藩の組頭より大きな権限を有していたので、地方行政の文書も畔頭の家に伝来している場合が多い。小名は、集落を示したものである。ちなみに、幕末期の『防長風土注進案』には、小村が「組」とも記されており、そのなかに小名が位置付けられている。萩本藩領では、浦方（うらかた）などを除くと、大半の村が高一〇〇〇石以上で、二〇〇〇石～三〇〇〇石の村がもっとも多く、六〇〇〇石に及ぶ村もある。長府領と岩国領では、小振りな村が多いが、これが元来の村の姿であったと言えよう。なお、宰判は、代官が支配する行政地域で、時代によって増減するが、その広さは、郡の半分程度である。

重就は、当職広定・当職裏判役就忠・御前仕組方の提案を認め、小村帳方を任命し、村よりも小さな小村を単位として、徹底的な検地を行おうとしたのである。その際、現地の事情に詳しい豪農出身の御利徳雇・士雇を手子役とし、「地方巧者」の下で実務に従事させることとした。

八月十五日、当職広定は、蔵元役所で重就の御直書を示し、「厚薄広狭抨」検地の実施を正式に公表した。その御直書の大意は、次のようなものである（「小村帳記録」）。

前回の貞享三年の検地から七〇余年が経ち、風雨洪水などによって川沢が移り、田畠も状態が変化している。痩せた田畠を抱えている農民が困窮しているので、近年、追損米も増加している。このため、今度、各宰判に小村絵図と帳面を作成し、田畠の「厚薄広狭」を調べ、困窮した農民を救済したい。これは決して藩主（藩府）の利益のためではなく、困窮農民の撫育を意図しているので、農民に詳しく説明し、納得させなければならない。それには、庄屋・畔頭・農民に至るまで、不正や偽りをさせないようにする必要がある。これは大切なことなので、代官・下代（しもだい）・算用方はもちろんのこと、その他の諸役人も志を励まして精励するべきである。

当職裏判役就忠は、翌十六日から郡奉行羽仁正之以下の関係諸役人と検地の実施に関する具体的な方法の打ち合わせを開始した。その後、郡奉行正之らは、検地業務には関係者が多人数入込むので、同月二十五日に萩・片河町にある松坂屋七之進の家を借り上げて小村帳役所とし、翌二十六日から諸役人もそこに出勤させた。九月六日、当職広定は、蔵元役所の「書院之間」で当職裏判役就忠、直目付宇野五郎兵衛（正純）、郡奉行正之、当職手元役坂時連、当職所右筆飯田孫右衛門（直次）らの同席のうえで、各宰判の代官をはじめ下代・算用方に一九か条から成る「仕法書覚」を示し、検地の基本方針を述べた。

小村帳役所の設置

検地の総括責任者には当職裏判役就忠が任命され、その下に郡奉行（小村帳方）正之と所帯方（小村帳方）粟屋勝之＝小村帳方頭取役布施光貞・都野正兵衛（祥正）＝小村帳方本締役櫛部慶猶・岡本源兵衛・三戸基芳のラインが構成された。これに、郡奉行本締役の熊野藤右衛門（為信）と「御所帯方御帳方小村帳方懸り」の村田為之が加わり、検地業務中枢部の実務を担当したのである。一方、各代官は、九月十一日から下代・加勢を率いて担当の宰判に赴き、検地を開始した。なお、都野祥正は、八月二十三日に吉田房郷が死去したため、九月一日に奥山代代官の兼役のままで小村帳方頭取役に就任していた。

検地業務中枢部の構成員

「厚薄広狭抨」検地は、まず、蔵入地（直轄地）で実施されたが、翌十二年四月二十六日にほぼ終了した。五月十二日、郡奉行羽仁正之は、小村帳方頭取役布施光貞・都野祥正引き連れて本丸御殿の「対面ノ間」に出席し、当職毛利広定・当役梨羽広云・当職裏判役高洲就忠が列座する前で、帰国中の重就に「御両国御蔵入田畠石抨御披露一紙」を提出し、蔵入地検地の終了を報告した。これを受けて、重就は、六月二十一日に検地関係者の褒賞を行い、次いで、六月二十五日に給領地の検地を開始させた。ちなみに、この褒賞で当職裏判役就忠が二〇〇石、郡奉行正之が八〇石、所帯方勝之（「御所帯方小村帳懸り」）が五〇石、小村帳方頭取役光貞・祥正が各四五石ほど加増されている（以下省略）。

翌十三年四月二十九日、給領地の検地も、「御両国諸給領田畠石抨御披露一紙」が提出されて終了した。こうして、「厚薄広狭抨」検地が完了したのである。

一門・寄組の不満

この検地に対して、一門・寄組・大組の給領主が激しく反発していた。貞享検地の際に、萩藩は、給領地を一度返上させて蔵入地とし、増石・出畝石・過免石などを取り上げたにもかかわらず、永否石（災害で田畑が荒廃した不作地のうち、三年以内で復旧しないものを永否とし、藩費による復旧の対象外とした）はそのままで、給領主に旧高のままで再配分した。これは、事実上、知行の削減を意味していたので、今度の検地に給領主が警戒・反対したのも当然と言えよう。このため藩主重就は、増石の四〇%を給領主に与えて彼らの不満を抑え、給領地の検地を実施したのである。

強硬な貢租増徴策

他方、「御国政再興記　第二」は、隠地隠田を所持する有徳（うとく）の農人たちが「石抨（こくならし）」を悪政だと触れまわり、それに道理をわきまえない家臣や庶民が雷同した、と記している。しかし、実際には、一門・寄組・大組の給領主が検地に強く反対し、豪商や有力農民も同調していたのである。当時、検地に対して、萩城下では、さまざまな流言が飛び交う状態が出現していた。このため、当職裏判役就忠らは、中貧農を撫育（救済）する「石抨」を強調したのである（『毛利十一代史』八冊）。

従来、この「御国政再興記　第二」の記事を根拠として、中農層の創設、貢租負担の平均化創出、零細農の没落阻止などを指摘し、農民層分解を阻止する「石抨」検地として評価してきた（関順也『藩政改革と明治維新』。畑中誠治「宝暦・天明期瀬戸内諸藩における経済政策とその基盤」『歴史学研究』三〇四号。井上勝生・乾宏巳「長州藩と水戸藩」『岩波講座・日本歴史』一二巻　近世四）。しかし、その実態は、強硬な貢租増徴策であった。したがって、「御国政再興記」の記事は、検地に反対する勢力に対して、「厚薄」と「広狭」の「抨（ならし）」が強調されたものにすぎない。このような状況の下で、藩主重就は、一門の長老で最有力者の宍戸広周と毛利元連を隠居させて藩政から排除し、反対勢力を抑え、検地を断行したのである。当時、花岡代官（都濃郡代官）であった能美吉右衛門（以成）は、養嗣子の右門に書き残した『蔵櫃録』（萩市郷土博物館叢書　二集）で、「厚薄広狭抨」の実態が強硬な貢租増徴策であったと述べている。

能美以成は、すでに都濃郡が諸郡と比べて高い石付になっているので、今度の「石抨」で下がると思っていたが、小村帳方頭取布施光貞から諸郡では一〇〇〇石～二〇〇〇石の増加が見込まれているので、都濃郡も石高を増加させる必要があると内密の連絡があった。これを受けて、彼は、懸命に努力したものの、逆に石高が減少してしまったので、小村帳方に内々で報告したところ、小村帳方頭取光貞から増徴方法の伝授と再努力の要請があった（同上）。このため、彼は、下代村田長兵衛（政明）と加勢錦織孫惣（得志）の協力によって、再度、厳しい検地を行い、三四三五石九斗余の増高を得た（拙著『転換期長州藩の研究』）。このように、「厚薄広狭抨」とは言え、実態は、石高の増加を目的としていたのである。

『蔵櫃録』の記事

ただし、『蔵櫃録』の記事については、一定の留意を要する。能美以成は、天明四年（一七八四）五月に校了した同書で、「子孫の外えハ他見全所禁也」と述べているが、前年の九月に当職手元役・表番頭格の罷免および逼塞の処分を受けているのである。それは、彼が撫育方の資銀を所帯方の経常費（本会計）に組み込むように主張したためで、当職益田又兵衛（越中、就祥）も関与する重大な事件でもあった。したがって、処分を受けた能美以成の無念さが、同書に投影されていることは容易に推測できる。このことは、後に、毛利重就を評価する際に、取り上げてみたい。

郡奉行本締役の熊野為信は、検地の費用について、米に換算して一万三〇〇〇石余が必要であったが、藩府の「公米」を支出せず、「郡方修甫米」の流用と「其外何哉取集」によって賄ったと述べている（「譜録・熊野藤右衛門為信」）。後者の実態は、豪農の献納米（馳走米）であった。

豪農と御利徳雇

萩藩には御利徳雇の制度があり、大庄屋・恵米方・庄屋を長年にわたって勤めた豪農が、自力開作の田畠地や米銀を藩府に献納して下級武士身分になる道が開かれていた。しかし、歴代の当職は、下級武士身分とは言え、武士の数が増えることを用心し、実際には、御利徳雇を抑制する方針を打ち出していた。これに対して、重就は、当職毛利広定をはじめ、当職裏判役高洲就忠および御前仕組方の進言を受け入れ、この制度を積極的に活用したのである。

例えば、上関宰判大庄屋の水田伝右衛門（由親）が三五〇石、熊毛宰判大庄屋の守田惣兵衛（通知）が三〇〇石、熊毛宰判岩田村庄屋の国光茂左衛門（孟雅）が五〇〇石、三田尻宰判恵米方および伊佐江・大塚両村庄屋の猪俣八之進（範政）が三〇〇石、徳地宰判末光村の松田源左衛門（幸邑、巣山村入庄屋）が三〇〇石を、馳走米として上納し、宝暦十二年六月から翌十三年の五月にかけて、郡奉行羽仁正之から御利徳雇に取り立てられている（各家の「譜録」）。この他にも、彼らのような例は、数多く見られる。なお、大庄屋と恵米方は、交代で勤めるので、両者が同格と見てよい。

このように、当職裏判役就忠らは、豪農の経済力と村落での指導力（支配力）に着目し、彼らから馳走米銀を提出させ、その見返りとして御利徳雇・本御雇・三十人通に登用し、藩政改革の基盤としたのである。

萩藩の総石高

この検地の結果、萩藩の総石高は、七〇万九〇七八石余（蔵入地四九万一六九三石余、給領地二一万七三八五石余）となり、蔵入地で純増高五万一六三六石余を得た。これに長府・徳山・清末の三支藩領と吉川領の一八万三〇二二石余（寛永検地高）を加えると、毛利宗家が支配する防長両国の総石高は、八九万二一〇〇石余に達したのである（拙著『転換期長州藩の研究』、田中誠二『近世の検地と年貢』）。

第四　撫育方の設置

一　撫育方と財源

撫育方の発足

宝暦十三年（一七六三）五月十五日、重就は、一〇条から成る箇条（「申聞条々」）を当職広定に与え、検地後の基本方針を示した。その締め括りのところには、大略、次のような文が掲げられている。

この度、検地が終了したので、今後の藩政の要務を示し、憂いを招かないようにするため、増石分を所帯方とは別にすることを申し付ける。したがって、この掟が後年に破られるか否かは、当職の功績と不功績によることとなる。以後、当職の交替の際には、この箇条を必ず引き継ぎ、新当職は、条々をよく会得して勤務する覚悟こそが奉職の第一である。

これによって、重就の並々ならぬ決意がうかがえるであろう。

これには付則の箇条も添付されており、両者は、改革綱領と施行細則の関係をなしていた（「御撫育方御書付」。「撫育一件取集物」。『毛利十一代史』七冊）。このなかで、藩主重就は、今度の検地が所帯方の不足を補うために行われたものでないことを強調するとともに、「新物成」（増石の物成）を別途に管理・運営し、後に所帯方で不足が生じた時も所帯方が流用することを許さないと述べている。そして、「引分之所務」を取り扱う役所として撫育方を設け、当職裏判役・記録所役・「内聞之取次」の高洲就忠に撫育方も兼任させ、小村帳方頭人の布施光貞・都野祥正両人を撫育方頭人（所帯方格）、小村帳方本締役の三戸基芳を撫育方本締役にあてることとした。彼らの正式な任命は、翌日の十六日である。翌明和元年（一七六四）七月に直目付手子の佐々木九郎左衛門（正勝）が検使役に転任され、阿武彦助（直信）・長嶺源介（長達）が銀子方に命じられた。

撫育方の役人

こうして、撫育方役所は、高洲就忠の下に撫育方頭人・本締役・検使役・銀子方が配置され、「別而密用之事に候へは、付属之役人も願くは少人数たるへく候」と言う執務体制が整えられたのである（同上）。もちろん撫育方役所には、「匹夫之手子」（身分の低い者・仲間）が執務の補助役として置かれていた。なお、六月に布施光貞が熊毛代官に転任したので、撫育方頭人は、都野祥正の一人役となった。

重就は、撫育方の発足に際して、従来、所帯方が所管していた御手置銀を撫育方に移管した（「申聞条々」）。萩藩は、藩初から御仕置銀（御手置銀）と称して、銀子・大判・小判・一歩金・砂金を軍用金として蓄えていた。しかし、連年の大幅な赤字を補塡するため、所帯方が御手置銀を取り崩して一般会計に繰り込み、財政難をしのいだので、この頃には、御手置銀が使い尽されていたのである。

撫育方役所

最初、撫育方役所は、三の丸にある蔵元の一郭に設置されたが、明和元年十月に「城内」に役所が建てられて移転した。ちなみに、萩藩では二の丸までが「城内」と呼ばれていた。撫育方役所は、本丸御殿の配置図である前掲の「萩御城御座敷之図」（明和五年）・「萩御城元御座敷之図」（天保十四年）・「萩城御座敷廻り絵図」（年不詳）に記載がないので、二の丸に設置されたと考えられる。撫育方役所の移転に重就の強い意向が示されたのは（「申聞条々」の付則箇条）、藩財政全般を管轄する所帯方から独立し、藩主に直属する役所であることが強調されたためであろう。

明和三年六月、毛利広定は、藩政改革が順調に進展し始めたのを見て、当職を辞任し、国元加判役に就任した。その後、彼は、同六年三月に藩主重就から「御参観前御密命を以、御留守中御内用御撫育方米銀諸沙汰致へき之旨」（「右田毛利譜録」）を要請されたため、撫育方を総監したが、五か月後の八月に病死した。以後、この役目は、高洲就忠が負うこととなった。

同七年六月、重就は、藩祖元就の二百年祭に際し、祭文を元就の霊前に奉じるとともに、訓戒一篇を納めた。そのなかで（後者）、彼は、撫育方が元就の加護によって成就したことを強調し、子孫の藩主が撫育方の資銀を勝手に使うことを禁じ、国家（萩藩）の安泰をはかるときに用いるべきであると訓戒している（前掲岸本「長州藩藩祖廟の形成」。「重就公御霊社え御奉納御軸物写」。『毛利十一代史』七冊）。

撫育方と新物成

このように、撫育方は、「御内用」として重就に直属していたが、安永三年（一七七四）八月に就忠が当職添役から当役添役に転じたのを機会に、九月から当役座に属することとなり、彼が引き続いて統轄したのである（「譜録・高洲衛士」）。

撫育方が管理・運営する「新物成」については、

凡六万石余程之儀と相聞候へ共、其内二万石程は、御国中田畠高石之所並入畝等有之分、百姓年来難儀仕候付、百姓為御撫育石下ケ等被仰付候、

（「御国政再興記」第二）

と概略が述べられているものの、意外に明確な石高が示されていない。従来、戦前に三

坂圭治氏が『萩藩の財政と撫育制度』で示された四万一六〇八石余が自明のものとして、以後の研究でも取り扱われてきた（穐本洋哉「萩藩財政収支と経済政策」『社会経済史学』四二—四など）。

しかし、この石高は、「小村帳記録」のうち「蔵入給領新古石高括り」のみを計算したものである。これに「給領出高之内六歩方蔵入分」などの項目を加えて厳密に計算すると、先述のように、蔵入地の増高は、最終的には五万一六三六石余となる（前掲小川、田中）。したがって、この純増高が撫育方の財源に当てられたはずである。

撫育方の石高

天明元年（一七八一）十二月に所帯方下村弥三右衛門（政武）が書いた「御内咄之廉書」によると、撫育方の石高は、二口の合計が四万八四七一石余で、純増高の五万一六三六石余に近いことがわかる。撫育方を勤め（明和五年十月就任）、当時、所帯方であった下村政武が記した数字は、正確と言えよう。撫育方の石高や資銀高が意外と不明確なのは、その管理・運営が「別而密用之事」であったので、収支が家臣に公表されなかったためである（前掲付則箇条）。撫育方の資銀（米銀）が、事実上、「御手置銀」と同じ取り扱いになったためであろう。

二　撫育方仕法と運用

撫育方資銀

撫育方は、増高（増石）五万一六三六石余のみでなく、給領地の増高に課税される馳走米と新開田畠の物成も財源に繰り入れ、管理・運用していた。先の給領地の検地で、増高の四〇%が給領主の知行として認められたが、その馳走米が撫育方の収入になったのである。郡奉行羽仁正之は、重就の命を受けて、明和二年（一七六五）に諸郡の代官を城中に召出し、検地後の新開田畠を撫育方の管轄とする旨を告げた（「御書付其外後規要集」）。

萩藩は、家臣の犯罪などによる没収石や事実上の末期養子などによる減石を功労者に支給する財源に充てていたが、その三分の一を撫育方に移管した。また、旅役出米の割増分も撫育方が収納することとなった。萩藩は、参勤交代や他国出張の資銀として、家臣に旅役出米を課していたが、当主が病気や幼少のため、役が果たせない場合には、その倍額を納付させていたのである。

御立山（藩有山林）・御預山の売り払い代銀と山立銀（山林税）も、撫育方の発足によって、明和五年に蔵元両人役から撫育方に移管された。享保四年（一七一九）六月、萩藩は、

徳用銀と運上銀の一部を撫育方に移管

各宰判の御立山を二〇に分け、毎年、その一つを伐採して売り払うこととし、番組山制度を整えた。これを「弐拾番山」と言う。各代官は、売払代銀を蔵元両人役に上納するとともに、その一部を御立山修補銀として運用し、山林の保護と立木の育成をはかったのである（「二十八冊御書付」）。寛延四年（一七五一、十月二十七日に宝暦と改元）四月、当職益田広堯は、郡奉行中川与右衛門（清一）に覚書を与え、番組山売払代銀の一〇％を各宰判の修補銀に充て、それが一〇貫目になるまで蓄積することとし、残る九〇％の徳用銀を蔵元両人役に上納するように命じた（「御書付其外後規要集」）。明和五年に徳用銀が一〇〇貫目に達すると、「御宝蔵え上納」し、撫育方に移管されたのである（「諸郡御売山代銀御撫育方ェ上納相成分請払帳」）。

宝暦十三年（一七六三）の夏から徴収され始めた輸入繰綿と輸出綿布・木綿の運上銀のうち、大島・都濃両宰判の分は、御手置銀として収納されたが、これも撫育方が取り扱うようになった。また、藩府は、萩・三田尻・上関に「御国産藍座」を設け、阿波産藍を除く他国産藍の輸入と領内における葉藍の売買と加工（藍玉生産）を禁止するとともに、藍の専売制を実施し、撫育方の管轄とした。明和年間のことである。以後、撫育方は、藍座を取り締まるとともに、国産藍の収入銀と阿波産藍の運上銀を御手置銀に収納した

（田中誠二「萩藩天明山検地の研究」『瀬戸内海地域史研究』七輯。同前掲「萩藩後期の藩財政」）。

明和五年十一月、当職裏判役高洲就忠は、各代官に対して、従来、蔵元の新蔵に上納していた「諸郡御手置銀」について、これからは撫育方に上納するように命じた（「御書付其外後規要集」）。この「諸郡御手置銀」の実態は、綿や藍の運上銀以外は明らかでないが、以後、撫育方の所管になったのである。

撫育方用心米

撫育方は、御用心米として、吉田宰判下津（山陽町）、船木宰判後潟（小野田市）、小郡宰判東津（小郡町）、中関宰判宇都路木（防府市）、三田尻宰判川口（防府市）、都濃郡宰判下松（下松市）、熊毛郡宰判浅江（光市）、中熊毛宰判光井（光市）、上関宰判麻郷（田布施町）および大島郡宰判久賀（久賀町）の一〇か所に撫育方蔵を設けた。

これらは、いずれも、入替米の売り捌きが便利で、貸付対象者が多い、「南宰判諸郡」に置かれていた。撫育方蔵が設置された年月は定かでないが、中熊毛宰判が廃止される安永三年（一七七四）九月一日以前であることは確実であり、他の記事から推定すると、撫育方設立の直後であったと思われる。この御用心米は、同七年十月の時点で、合計五〇〇〇石ほど存在しており、撫育方が秋の収納後に古米と新米を入れ替えて管理し、御貸付元米として運用していた（「御国政再興記　第一」）。したがって、御用心米とは言いながら、その運用によって、撫育方は、大きな利益を得ていたのである。

安永三年九月に撫育方と所帯方の業務が完全に分離し、撫育方の独立性が高まった。従来、所帯方が増石の「新物成」を収納し、撫育方に渡していたが、撫育方が各宰判の代官から直接に収納し、管理と運営を行うようになったのである（「御書付其外後規要集」）。さらに、撫育方は、同八年から帳面上の操作によって、北側は奥阿武宰判、南側は三田尻・中関・船木の三宰判で、米銀の現物を受け取ることとなった（『毛利十一代史』八冊）。

萩藩は、家臣の功労に対して、加増する代わりに山野や海岸干潟で開作の権利を与え、その完成後に石高を定めて本知行に組み入れていた。これは、関ヶ原戦後に、防長両国に移封されて領地が縮小したため、萩藩が採用した苦肉の策であったが、結果的に開作を奨励して田畠地や塩田が増加することになった。なお、萩藩では、山野の開墾や干潟の干拓を総称して開作と称していた。

撫育方開作

重就は、撫育方に瀬戸内海沿岸の干潟を開作（萩藩の用語で開拓のこと）させようとしたが、すでに、歴代の藩主が勤功開作として家臣に分与していたので、適当な場所がなかった。このため、重就は、彼らから開作地や干潟を上地させて代銀を払い、撫育方に管理や開作を行わせたのである。表3はその様子を示したものであるが、上地者は、いず

表3　撫育方の購入開作

年　次	開作名	上地者	代　銀	面積		現在地
				開作地	干潟	
明和元	鶴浜	堅田広範	45.0貫目	50町		防府市
〃	新上地	毛利就盈	127.0貫目	47町	19町	〃
明和2	後潟	毛利就楨	200.0貫目	86町8反	38町2反	小野田市
明和3	青江	粟屋就貞	120.0貫目	39町	(山林30町)	秋穂町
〃	遠波	宍戸就年	200.0貫目	51町7反		山口市
明和4	二島新	宍戸就年	200.0貫目	54町		〃
明和6	沢江	児玉就恒	12.0貫目	24町		三隅町
〃	江泊	毛利就任	195.5貫目	67町4反		防府市
安永5	勝間	山内就資	70.0貫目	63町2反		〃

註1　三坂圭治『萩藩の財政と撫育制度』と「御撫育方御用地一件控」により作成。
　2　沢江開作には宍戸元広の開作4町も含まれている。

れも、一門・寄組である。しかし、上地は、撫育方から代銀が渡されたとはいえ、重就によって強引に押し進められた。

表3を合計すると、上地は、開作地四一九町九反、干潟一二〇町四反、山林三〇町に及ぶ広い面積になり、撫育方が支出した代銀も一二六九貫五〇〇目に達する。撫育方は、上地された開作地の改良・補修と取り組むとともに、干潟を干拓して塩田・田地・畠地を造成した。その石高は、安永七年の時点で、一万三〇〇〇石余に及んでいる（「御国政再興記　第一」）。これらの開作については、撫育方が最初に実施した鶴浜を例として、次章（第五―一）で実態を示すこととする。

撫育方から藩政に援助

重就は、藩政のために、必要に応じて、撫育方に支出を命じた。その詳細は、「御撫育方一件伺物並見合ニ可相成御用状」に示されているが、このうち、所帯方に支出した米銀の主要なものを挙げると、表4のようになっている。ただし、開作地の購入代銀は含まれていない。なお、田中誠二氏の「萩藩後期の藩財政」では、宝暦元年から天保八年までの「借銀・馳走米・撫育方放出の推移」（表(2)として掲載）が示されている。

このうち、安永六年（一七七七）の検地減石分は、検地で入石（減石）になった前山代宰判（まえやましろさいばん）鹿野村田方と前山代・先大津（さきおおつ）両宰判畠方の補償として明和元年（一七六四）から安永六年までの合計銀一五七貫目余を所帯方に戻したものである。また、寛政二年（一七九〇）の追損米戻分は、追損米（ついそんまい）（年間三五〇〇石）の戻しとして宝暦十二年から寛政二年までの合計銀五〇九九貫目余を所帯方に渡したことを示している。これらは、いずれも、撫育方を別途会計にしたため、所帯方の運営が困難になったことに対する配慮である。

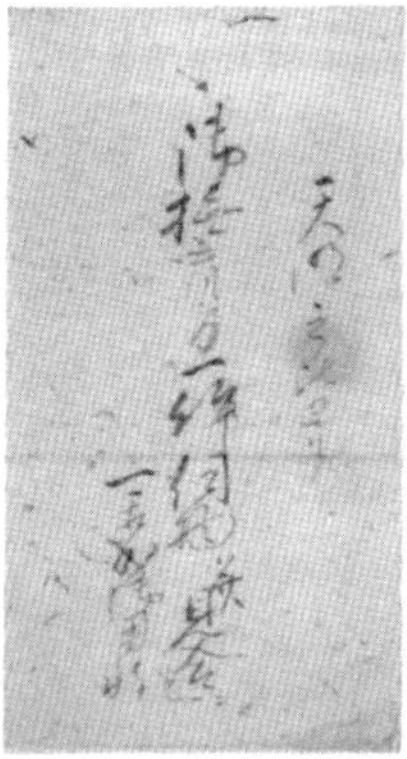

御撫育方一件伺物並見合ニ可相成御用状
（毛利家文庫・山口県文書館所蔵）

撫育方の支出

これらのなかには、重就が引退した後のものも含まれているが、撫育方が支出した総額は、銀に換算

表4　撫育方の支出米銀高

年	内容	米銀高
宝暦13年	本会計に繰り入れ	27,062石
〃	本会計に繰り入れ	89貫目
〃	家臣下付米に補助	7,125石
明和元年	大坂借銀返済に補助	1,000貫目
〃	朝鮮通信使経費に補助	500貫目
〃	萩町人から借用の御内用銀を返済	216貫目
明和2年	天守修築経費に補助	14貫目
〃	旅役銀に補助	100貫目
明和3年	美濃・伊勢両国川普請役の経費に補助	2,000貫目
明和4年	旅役銀に補助	130貫目
明和5年	家臣下付銀に補助	592貫目
明和6年	家臣下付銀に補助	185貫目
明和7年	毛利元就二百回忌経費に補助	2,090貫目
安永元年	江戸屋敷類焼の再建経費に補助	1,000貫目
安永2年	家臣加増分に補助	788貫目
安永6年	13年間の検地減石分を所帯方に戻す	157貫目
安永7年	日光東照宮普請役の経費に補助	731貫目
天明2年	大殿重就の隠退臨時経費に補助	150貫目
天明3年	大殿重就帰国の際に家臣下付銀	607貫目
天明4年	藩主治親初入国の際に農民下付米	691石
寛政2年	26年間の武具補修経費に補助	116貫目
〃	28年間の追損米戻分を所帯方に渡す	5,099貫目

註　「御撫育方一件伺物並見合ニ可相成御用状」により作成。

して一万七三八二貫一八六匁余（約三二万六〇四〇両）に及んでいる。重就の世子毛利治親（はるちか）が藩主として初入国した天明四年までの二二年間を対象として、同五年から寛政二年までの六年間の追損米（一〇五〇貫目）と武具補修（二五貫八〇〇目）の銀高を差し引くと、撫育方が支出した額は、銀一万六三〇六貫三八六匁（約二九万六四八〇両）になる。撫育方は、以後も大銀を支出し続けるが、ここでは、重就が関与した時期に留めることとする。

撫育方の収入

一方、宝暦十三年の撫育方請けの「新物成」が米二万七〇六二石余、銀八九貫九五七匁であったので、これを基に二二年間の撫育方収入を計算すると、米五九万五三六四石余、銀一九七九貫五四匁になる。ここでは、米一石が銀五〇目で換算されているので、それを適用すると、米高が銀二万九七六八貫二〇〇目になり、合計が銀三万一七四七貫二五四匁に達する。この撫育方の収入銀三万一七四七貫二五四匁から支出銀一万六三〇六貫三八六匁を差し引くと、余剰銀は、一万五四四〇貫八六八匁になる。これは、「新物成」のみを試算したものであり、前述のように、別の収入があるので、余剰銀が増える可能性が高い。

撫育方の余剰銀

この他にも、撫育方は、上地に対して銀一二六九貫五〇〇目を支払い、御小納戸（おこなんど）銀として銀八〇〇目を無利息で提供し、大坂・中之島（なかのしま）の屋敷を購入（銀高不詳）して所帯方に預け、都濃郡笠戸山（かさどやま）の伐採による荒廃を防ぐため、所帯方に銀三〇〇貫目を渡して撫育方の管理としていた。これらも指摘しておく必要があろう。

撫育方蔵の金銀

安永七年十月一日、高洲就忠は、当役を退くにあたって、「御国政再興記　第一」を草して重就に提出した。そこには、撫育方頭人の小倉（おぐら）藤兵衛（勝篝）が当役就忠に提出した撫育方蔵所蔵の金銀目録が記載されている。それによると、撫育方蔵には、古金一〇〇両、文金四六九六両、同一歩金五一四切、銀一八〇四貫六一五匁二分が現存していた。このうち、銀高の内訳は、正銀一七三五貫三六八匁八分、鈔銀（札銀）六六貫一七八匁七分、銭三貫六七匁七分であった。「御国政再興記　第二」は、金銀高の合計を「金銀合凡二千貫目余」としている。この他に、撫育方が「御用聞町人」などの民間に貸し付けていた銀一九二四貫七〇〇目余と米七九四〇石余もあった。

また、就忠は、宝暦九年一月から毛利広定の「聞印」で御宝蔵に納められた銀子（御手置銀）が別帳に記され、撫育方に保管されていると述べている。御宝蔵と撫育方蔵については、実態は両者が一体的に取り扱われており、近年は新御宝蔵に金銀が置かれていると説明されている。なお、別帳とは、安永五年一月の「御付渡」のことで、そこには詳細な内訳が示されている。

三　撫育方と御手置銀

御手置銀と御仕置銀

御手置銀は、御仕置銀・御納戸銀とも呼ばれていた。萩藩は、藩初から不時の軍用金として、御仕置銀（御手置銀）を蓄えていたが、それを本丸の御納戸蔵（御大納戸蔵）に収納したので、御納戸銀（御大納戸銀）とも称したのである。ちなみに、寛永九年（一六三二）八月に益田玄蕃頭（元祥、牛庵）が当職を退いたとき、彼が蓄蔵した御納戸銀は、銀に換算して一六九五貫目余に達していた（「益田牛庵覚書」）。承応二年（一六五三）九月に当職堅田安房（就正）が御貸銀方と御納戸銀方に与えた御定法によると、この頃には、御納戸銀が本来の軍用金としての性格を失い、困窮する家臣に貸し付けられていた（『毛利十一代史』一冊）。これが財政の赤字補塡とともに、御仕置銀の流出の原因となったのである。

榎本遠江（就時）は、明暦三年（一六五七）五月に当職に就任した際に、御仕置銀が払底していることを知って危機感を持ち、懸命な財政運営によって金銀貨を貯蓄し、辞任する約六か月前の寛文二年（一六六二）八月には、銀に換算して三三五六貫目余に及ぶ御仕置銀を残した。同月二十四日、当職榎本就時は、新たな御仕置銀と以前からわずかに残されていた金銀貨・砂金・金製品を加え、大櫃二六個に入れて本丸の御宝蔵に収納した。明暦四年（七月二十三日に万治と改元）から寛文二年に至る御仕置銀の貯蔵と出納については、その詳細が「御仕置銀蔵納ノ目録」（同上）に示されている。

御宝蔵銀

萩藩は、毛利家重代相伝の文書・武具・刀剣・衣服・書画・器物などを「奥御蔵」（御大納戸蔵）に保管していたが（「奥御蔵ニ有物本帳写」寛永十六年）、新たに御宝蔵を建ててこれらを移し、御仕置銀とともに収納することとした。このため、御仕置銀を御宝蔵銀とも称するようになったのである。従来、御宝蔵については、「相府年表」や「渡辺年表」の記事によって、寛文五年の「造立」とされてきたが、前掲の目録に「御宝蔵御銀箱之内え納置候」とあることから、すでに、寛文二年には存在しているので、榎本就時が当職在任中に建設したと見るべきであろう。

御宝蔵の場所

萩藩では、当初、宝物・什書・武具・御仕置銀などを御大納戸役が管理していたが、御宝蔵が建てられてから、これらを御宝蔵方が管理するようになった。御宝蔵方頭人の設置は、寛文五年である。しかし、御宝蔵の場所は、『萩市史』などでも明らかにされていない。「萩御城元御座敷之図」（天保十四年）によると、本丸御殿の北側に東西に長く延びる馬場があり、その北側の指月山寄りに御宝蔵、御納戸蔵および御花畠が置かれていた。これは、天保期の様子であるが、御宝蔵と御納戸蔵の場所は、変わっていないと思われる。なお、御宝蔵は、その趣旨からして、江戸の下屋敷（麻布邸）にも置かれていた。これを麻布穴蔵貯蔵金と言う。実際に、撫育方の保管銀が江戸へ送られた事実も散見できる。

以上のように、御手置銀は、御仕置銀、御大納戸銀および御宝蔵銀と呼ばれていたが、寛政八年（一七九六）に「御手置銀根帳」が作成されていることから、宝暦期以降は御手置銀と公称されていたと思われる。この御手置銀は、藩主の身近にも置く必要があったので、御小納戸にも収納されていた。これを御小納戸銀と称した。したがって、御手置銀は、厳密に言うと、御大納戸銀と御小納戸銀から成っていたのである。

国元・江戸御手置銀

国元御手置銀の実態は、寛政四年八月の「英雲院様御納戸銀容徳院様江御譲之分戌亥両年差引付立」や「英雲院様御納戸銀容徳院様江御譲之御仕法書」によって、具体的に知ることができる。これは、重就の嫡子で第八代藩主毛利治親が寛政三年六月に死去したため、作成されたものであるが、同元年十月に大殿重就が死去した際に、重就（英雲院）から治親（容徳院）に譲られた「御小納戸御手元御内用銀」が詳細に記載されている。

御大納戸銀

これによると、御大納戸銀（御内用銀）の総額は、銀三四七四貫一八八匁余に達していた。このうち、主なものは、大坂預分が金一万二〇〇〇両（銀七二〇貫目）・銀六一六貫七二〇目で合計銀一三三六貫七六〇目、江戸預分が金一万二〇〇〇両（銀七二〇貫目）・銀一四三貫目で合計銀八六三貫目、諸郡其外貸渡分が銀六一四貫六五七匁、撫育方預分が銀五〇〇貫目などであった。大坂預分と江戸預分は、年利五・五％で預けられていた。江戸では、御用達の三谷三九郎に預けていたので、大坂でも御用達の加島屋久右衛門・上田三郎左衛門・鴻池善八らに預けたと思われる。諸郡其外貸渡分は、年利五・五％が一般的であるが、短期のものには月利五％もある。このうち、銀二〇貫目以上のものは、三田尻宰判が銀一三四貫八八五匁、山口宰判が銀五五貫五〇〇目、当島宰判が銀四一貫九〇〇目、徳地宰判が銀二七貫二〇〇目、小郡宰判が銀二四貫三〇〇目、御茶屋が銀二四貫目、前大津宰判が銀二二貫五〇〇目などである。撫育方預分は、撫育方が御小納戸銀に銀八〇〇貫目を無利息で提供しているので、無利息となっている。このように、御大納戸銀は、預銀や貸渡銀として運用されていたのである。

御小納戸銀

御小納戸銀は、「英雲院様御遺金御入用として御撫育方より御借入之分」の銀八〇〇貫目で、奥番頭が管理し、御小納戸手子二人が出納を担当した。この銀八〇〇貫目は、西浦開作の仕入銀四〇貫三三〇目余、東光寺の修築代銀二〇〇貫目、御遺金として御大納戸に渡銀三一二貫六八匁、江戸の交際費として払銀二四四貫四一六匁などに支出されている。御小納戸銀は、大坂・江戸預分や諸郡其外貸渡分の利銀のうちから補充され、撫育方蔵に置かれた。なお、御小納戸銀八〇〇貫目を撫育方に返済した後は、江戸の麻布邸（下屋敷）の御宝蔵に利銀が貯蔵された（前掲御仕法書）。この御宝蔵については、幕末期に、

麻布穴蔵貯蔵金

　麻布龍土町藩邸一土蔵の床下石甃あり、其中に一個の木製櫃あり、構造極めて堅牢、櫃中にさらに一銅製函を置き盛るに古金数種を以てす、（『修訂防長回天史』二）

と記されている。これを麻布穴蔵貯蔵金と称したのである。

江戸御手置銀

江戸御手置銀（御要用銀）については、「江戸御要用銀御根帳」によって知ることができる。そのなかに収録された宝暦十四年（六月二日に明和と改元）四月の「仕法書覚」によると、江戸藩邸における金銀米の出納を司る矢倉頭人が御要用銀を管理し、その下で算用方と銀子方が実務を担当していた。この御要用銀は、一切の支出や貸付が禁じられていたが、その備蓄は、原則として金貨で行われた。もちろん、若干の銀貨も置かれていた。

江戸藩邸の御要用金銀は、宝暦十四年四月の時点で、古小判二八七六両、古壱歩一七

四三切、古銀九七貫五一六匁、文壱歩一六三切、文銀八貫八二七匁余、元ノ字大判二枚、乾小判八両、乾壱歩三四二切、乾弐朱判二切、灰吹銀四貫八七八匁、文小判五四〇両などであった。これを金三九八六両一歩、銀一一一貫二二二匁余、元ノ字大判二枚と換算している。その後、御要用金銀は、明和四年十二月に金五二五八両、安永三年三月に金一万一八一五両二歩、銀三〇〇貫目と増加し、重就が隠退する一年前の天明元年十月には金三万二一八五両に達している。これらは、いわゆる麻布穴蔵貯蔵金として、麻布の下屋敷に貯蔵されたのである。

四　港町の開発と越荷方

重就は、撫育方を創設するとともに、当職裏判役高洲就忠と御前仕組方の進言を入れて、港町と産業の開発に乗り出した。ここでは、港町の開発と越荷方の設置について述べてみよう。

坂時存は、先の「上書」で、防長両国の重要な港である赤間関と柳井津が、おのおの長府領と岩国領にあるため、萩本藩の経済活動が制約されていることをあげ、本藩領

良港設置問題

での「良港之設置」が重要かつ緊急なものであると主張していた。その例として、先年、萩藩が尾道（広島県尾道市）で新穀を売ろうとしたところ、福山藩の売米と競合し、結局、思うようにはいかなかったことをあげている。これを受けて、当職裏判役就忠らは、重就に伊崎（下関市）・中関（防府市）・室積（光市）の開発と整備を進言したのである。

萩藩は、享保三年（一七一八）の唐船打ち払い事件を契機に、長府領の伊崎を替え地によって本藩領とし、軍務を統括する赤間関在番所と抜荷を取り締まる八幡方（八幡改方）を置いた。当時、伊崎は、まだ「一面の入海」であった。このため、萩藩は、享保十五年に同所を開作したが、それでも「小家七軒」が土手に存在する程度にすぎなかった。しかし、重就は、当職裏判役就忠らの進言によって、伊崎に着目し、宝暦十三年（一七六三）三月に城下町萩の豪商梅屋吉右衛門に港町の開発を請け負わせた。こうして重就は、急速に発展していた海運への積極的な乗り込みをはかったのである。

伊崎新地

その後、梅屋吉右衛門は、入江を埋め立てて港を造成し、町作りを行い、明和五年（一七六八）に港町を完成させた。これを伊崎新地と言う。そこには、港の他に、会所一棟、総二階の貸屋（長屋）一棟（三〇間×四〇間）、一五〇〇石入りの大蔵が二棟、一〇〇〇石入りの蔵が二棟、市興行所一か所、茶屋一か所、揚酒場二か所などが建設され、厳島社や

伊崎御開作之図（毛利家文庫・山口県文書館所蔵）

天満宮が勧請されていた。当職裏判役高洲就忠をはじめ、御前仕組方の郡奉行羽仁正之と所帯方粟屋勝之は、八幡方を通して指示や許可を与え、伊崎新地の造成に密接にかかわっていたのである。吉右衛門は、伊崎新地の開発に総額銀二六六貫八四五匁を投入したが、そのうち自己資銀が六九貫八七四匁、藩府貸下銀が一九六貫九七一匁であった。この藩府貸下銀には、撫育方の資銀も含まれていたのである（「赤間関新地目論見覚書」「赤間関御開作一件」「赤間関ニテ埋地一件」「赤間関御開作事」、以下これによる）。

この時期、赤間関は、海運の発達によって、北国筋、山陰筋、九州筋および中国・上方筋などの物資の交易拠点として発展していた。伊崎に隣接する清末領竹崎も、享保期には漁村的性格が強かったが、明和初期には町的性格が濃厚になっていた。ちなみに、幕末期に高杉晋作ら志士たちに資金協力などを行って活躍した船問屋白石正一郎（資風）の家は、竹崎にあった。当職裏判役就忠らは、海運の発達を重視し、本藩領伊崎に港町を形成して諸国廻船を寄港させ、新たな市場を創設しようとしたのである。

米穀市場の創設

　当職裏判役就忠らが伊崎新地を開発した具体的な目的は、米売捌場の確保（米穀市場の創設）と越荷業務の展開であった。明和二年二月、吉右衛門は、伊崎新地で売り捌く米の運送を自分の持ち船で行いたいと願い出た。その利点として、彼は、「御用船」の艀子三六人への「捨扶持」が不要になり、上乗も自分で手配するので、一万石で銀五貫目の運賃が節減できると提案し、伊崎新地への廻米を半分、各港での売米（津端売り）を半分にすると、さらに、効果があると述べている。そして、米を売り捌く際には、伊崎会所役人の指図を受けて、「赤間関相場」で行うとしている。

　彼のこの出願と提案は、いずれも藩府から許可された。伊崎会所が取り扱った米売捌高は明らかでないが、一万石単位で経費が示されていること、伊崎新地への廻米を半分として、合計五〇〇〇石入りの米蔵が建てられていることなどから、当初は一万石が想定されていたと考えられる。この米は、伊崎新地が八幡方の管轄下にあったので、当然、所帯方の米も廻送されたと思われる。しかし、吉右衛門に「御撫育米御売払米代銀」がたびたび貸し付けられているので、撫育方の米も伊崎新地で販売されたことは確かである。

明和四年二月、吉右衛門は、伊崎新地の開発に見通しが立ったので、藩府貸下銀を最初から項目別に整理して現状を報告したが、そのなかで、撫育方の資銀二〇貫目を越荷業務に用いていると述べている。この他、彼は、「質商売」のために、萩・呉服町一丁目の屋敷（居宅）と新地の家を抵当に入れて、貸下銀一五貫目を受けている。このように、伊崎新地の越荷業務には、撫育方の資銀が投入されていたのである。

越荷業務

越荷業務は、積荷の売り捌きを望む他国廻船に対して、倉庫（蔵）を貸して積荷を陸揚げさせ、商談が成立するまで保管して倉（くら）（蔵）敷料（しきりょう）を徴収したり、積荷を質物として代銀を貸し付けて利息を得るものである。越荷業務自体は、すでに、享保十一年（一七二六）二月から瀬戸崎港で北国廻船の積荷（木材・穀物）を対象に開始されており、就忠らの独創ではない。しかし、彼らは、ますます盛んになった海運に着目し、越荷業務を本格的に展開しようとしたのである。

その後、伊崎越荷方は、順調に業務を発展させ、萩藩の財政に大きく寄与した。後年、村田清風の天保改革で越荷方の中核として拡充された伊崎越荷方が、大きな利益をもたらしたことは広く知られている。

室積の再開発

このような施策は、室積でも実施された。室積は、中世から知られた港であり（「鹿苑院殿厳島詣記」）、元禄期までは栄えていたが、当時は廻船の入港も少なく、積荷の売買もないので、困窮状態に陥っていた（「御国政再興記　第二」）。当職裏判役高洲就忠らは、宝暦十三年（一七六三）に「干鰯市」の許可、明和四年に港町の整備、湯屋二軒の再開、同六年に「諸品売買市」の許可、麻・木綿織の奨励、西ノ浦の塩浜開作など、矢継ぎ早に室積に対する梃子入れを行った。この港町の整備に銀一〇貫目、「室積浦綿替越荷商売元手銀」に銀五貫目が貸し付けられている。しかし、ここでは、港町の再開発であったので、梅屋吉右衛門のような特定の開発責任者は指名されなかった。

中熊毛宰判の設置

宝暦十三年七月、重就は、熊毛宰判南部の七か村と上関宰判北部の六か村を分離し、新たに中熊毛宰判を設け、長沼作左衛門（政憲）を初代の代官に任命した。長沼政憲は、同十一年九月に奥山代代官都野祥正が兼役のままで小村帳頭取役に就任した際に、奥山代代官の暫役となり、祥正の兼役が解けた十二年七月から本役を勤めていた。中熊毛代官に就任した長沼政憲も、藩政改革派の一員と目されていたのである。

中熊毛宰判の勘場は、最初、室積村に置かれたが、明和五年（一七六八）五月に岩田村に移転した（「中熊毛宰判本控」）。これは、室積村が同宰判の南に片寄っており、諸村にとって不便であったことにもよるが、岩田村が撫育方の蔵が新設された光井村の北に隣接していたことも大きな要因になったと思われる。各代官が一〇か所に新たに置かれた撫育方の蔵も管理したからである。

越荷方

この室積には、以前から近くの塩浜（竪ケ浜など）に供給する他国米二〇〇石の購入が許されていたが、これを買い入れる序でと言う名目で、明和六年三月に「他国米越荷商ひ」が認められた。その三年後の安永元年（一七七二）には、室積の「越荷方其外浦方有徳之者」が修補元米六二石二斗を向こう七か年間で出米するようになっている（同上）。これは室積の「他国米越荷商ひ」が順調に展開し始めたことを示していると言えよう。なお、明和六年十一月には、室積御番所に越荷方検使役が置かれている（「周防諸郡役人帳」）。

室積会所

当職裏判役就忠らは、安永二年から八年にかけて室積浦八幡宮南の土地を買い上げ、米売捌場と米蔵を設置し、翌九年には麻郷・光井・下松・伊崎の米蔵を解体して同所に運び、役所一棟と米蔵三棟を建てた（「室積対会所書付之写」）。この役所を「御撫育御蔵会所」（室積会所）と言う。室積会所の仕組・運営・経費や越荷業務の仕法などについては、その実態を詳細に知ることができるが、煩雑になるので割愛する（「室積御仕法書写」「越荷御貸銀二度目之御伺写」）。以後、室積は、整備と拡充が進み、伊崎や中関と並んで、萩藩における米穀市場と越荷業務の重要拠点となったのである。

中関・大浜新地

中関の開発は、三田尻宰判田島村における撫育方の塩浜開作と一体的なものである（第五―一）。明和四年三月、郡奉行羽仁正之は、同年一月に開作の潮留めが成功したことを受けて、三田尻都合人神保与右衛門（正勝）に書状と覚書を送り、今後の協力を要請した。この覚書で、郡奉行正之は、田島開作を大浜と改称すること、他国廻船に対する穀物の越荷業務と諸品の売買を許可すること、春秋両度の芝居興行を許可すること、田島村で茶屋の営業を許可することの四項目を示し、大浜を取り立て繁昌させるよう「差免」すると述べている（「三田尻越荷一件抜書」）。

梅屋吉右衛門は、伊崎のみでなく、中関の開発も請け負い、明和五年（一七六八）に中関の居宅を完成させた（「大浜実録」）。この中関は、田島山の西麓で大浜に接した地に、「町屋敷新地」として造成された町である（「塩製秘録」）。したがって、中関の町は、行政的には、道を挟んで西側が田島村、東側が大浜（浜方）に属したが、両者を合わせて「中ノ関大浜新地」（「当職所日記」）と称していた。

中関の南側の西泊（田島村）には、他国廻船が入津する港が築かれた。この年、大浜の「二ノ升」に仮の大浜会所が置かれ、翌六年に「三ノ升」の東側に塩浜大会所が建てられ、大年寄や会所人が任命された。天保末期の『防長風土注進案』（9 三田尻宰判 上）によると、道の両側に中関の町並みが続き、西泊には、越荷蔵一棟、御番所一か所および高札場一か所、浜方の北浜には、撫育方役所一か所（役所一棟、蔵一棟、長屋一棟、細工固屋一棟）が記載されているが、この配置は、明和期からほぼ変わっていないと思われる。

中関宰判の設置

明和五年七月、重就は、三田尻宰判のうちで西浦・田島村・中野村・向島・新田村を割き、小郡宰判のうちで川東の諸村を切り離し、これらを合わせて新たに宰判を設け、撫育方本締役の三戸基芳を代官に任命した。大浜や鶴浜は、まだ行政的に浜方として独立していなかったが、当然、このなかに含まれていた。当初、この宰判は、田島宰判と言われたが、九月に中関宰判と改称された。同年十二月には、中関・新地・鶴浜・大浜などを繁昌させるため、中関で芝居興行が許可されている。

このように、重就は、当職裏判役就忠らの上申を認め、塩田や中関・新地の開発および室積の再開発を行い、中関宰判と中熊毛宰判を設け、経済と行政の両面から整備を進めたのである。なお、安永三年（一七七四）九月に小郡宰判が中関宰判に合併され、中関代官三戸基芳の管轄とされた。三日後に基芳は、御手廻組に加えられている。

塩田不況と中関

梅屋吉右衛門は、自己資銀と撫育方の貸下銀によって、中関と新地に居宅・蔵・貸屋・茶屋・常芝居固屋（小屋）などを建てて町を開発し、明和五年十二月に「其身一代大年寄格」となった。しかし、その後の塩田不況によって、同八年と翌安永元年が「塩浜大悪年」で無主浜が続出し、中関と新地も閑古鳥が鳴く状態となった。中関代官三戸基芳は、中関の梅屋の前で富くじを興行するなど、塩浜の繁栄をはかったが、成果を上げることができなかった。吉右衛門も、中関と新地の繁栄に懸命の努力をしたものの、貸下銀の返済にも行詰まった。安永五年十月に基芳の後任として中関代官となった石川伝左衛門（真潤）は、大坂の豪商一文字屋平右衛門・多田屋弥右衛門らにも協力を要請して、事態の打開をはかったが、成功しなかった（「中関新地加藤伝蔵願出書」）。

天明三年（一七八三）五月、中関代官石川真潤は、吉右衛門の未済米銀を回収するため、都濃宰判浅江（あさえ）村（光市）の豪農藤屋伝蔵を説得して吉右衛門の株養子とし、中関と新地の再建にあたらせることとした。藤屋伝蔵は、株養子として中関に居を構え、米三七五石と銀四五貫目に達していた吉右衛門の未済米銀を上納し、破損した建物も修復した。

藤屋（加藤）伝蔵の活躍

彼には、中関入居に際して、他国廻船（塩買廻船）向けの名目で新規に酒造株が認められ、酒造石として撫育方の米五〇〇石が売り渡されることとなった（「萩山口酒造一件」）。この酒造石五〇〇石は、鎌倉時代から続く旧家で、三田尻宰判宮市町（防府市）の本陣を勤め、酒造業を営む豪商兄部家の酒造石の約二倍である。このように、伝蔵に大量の酒造石が認められたのは、藩府が中関と新地に他国廻船を引き付けようとしていたこと、「酒造取立候已後は小身之者雇立候故、口過仕糠少々米酒ノ粕等給物多相成、一形賑ひニ相成申候」（前掲願出書）と言う、酒造業の経済的波及効果に期待したことなどによるものと考えられる。この他にも、彼は、天明期に田島村の清水幸右衛門から酒造株（酒造石三七石四斗九升）を買い入れ、揚酒場（小売酒場）として経営した。なお、翌天明四年八月九日に中関宰判が廃止されて三田尻宰判に復し、小郡宰判も復活して独立した。このとき、中関代官石川真潤は、小郡代官に任じられている。

これら一連の事業に、藤屋伝蔵は、吉右衛門の未済米銀清算以外に、銀一〇〇貫目を自力で投入している。彼の出身地・浅江村は、島田川の下流に位置する交通の要衝で、浅江市が立ち、陸路や河川と海の海運によってもたらされる物資が活発に交易されていた。ここで、彼の家は、財を蓄えたのである。彼の一族は、本来、武士であったが、近世初頭に帰農して庄屋を勤めていた。浅江村に残った庄屋の永光は、御利徳屋を経て、明和元年七月に三十人通の下級武士となり、嘉藤(かとう)の姓を名乗っている(「譜録・嘉藤理兵衛永光」)。中関と新地は、撫育方による京都での宣伝と伝蔵の懸命な努力によって、寛政期に入ると塩業の町として繁栄し始め、

中関と新地の繁栄

太平の世には戸さゝぬなかの関　こゝにとゝまるこかねしろかね　(「塩製秘録」)

と歌われるようになった。これには、休浜協定の成立によって、瀬戸内の塩浜が不況から脱したことも大いに与っていた。寛政二年(一七九〇)十二月に伝蔵も一代名字が許されて、加藤伝蔵(かとうでんぞう)と名乗るようになるのである。

第五　産業の開発と統制

一　塩田の開発

鶴浜開作

明和元年（一七六四）十月二十日、重就は、三田尻宰判田島村で開作を行うため、当職裏判役高洲就忠、当職手元役高杉（相）又兵衛（春喜）、郡奉行羽仁正之および三田尻都合人神保与右衛門（正勝）を開作方御用掛に任じ、開作方頭取役以下の諸役も、二十二日までに命じた。この地は、宝永四年（一七〇七）に寄組堅田安房（広慶）が拝領した勤功開作で、寛延四年（一七五一、十月二十七日に宝暦と改元）九月に子の堅田安房（元武）が開作に着手し、翌宝暦二年三月に潮留に成功したが、その後は造成が進まず、放置されたままになっていた。先述のように、藩主重就は、明和元年七月に堅田元武の子内記（広範）から同開作を上地させ、撫育方資銀から銀四五貫目を与えたのである。

豪農と塩浜主の馳走米

この開作は、明和元年十一月十七日に着手され、閏十二月六日に潮留された。造成の人夫は、当該の三田尻宰判が一万五〇五〇人、瀬戸内側の吉田・船木・小郡・山口・徳地・鹿野・都濃・熊毛・中熊毛・上関・大島の一一宰判が一万五〇〇〇人を動員したが、造成経費は、豪農や塩浜主が提供した。

撫育方開作の資銀実態

三田尻浜大会所跡（大村印刷株式会社写真提供）

その造成経費の内訳は、土手石垣築立費が銀一五三貫三〇〇目、塩浜二〇枚仕立費が一六〇貫目、諸役人ら勘渡銀・雑費が三〇貫目など、合計が銀三四三貫三〇〇目であった。これに対して、豪農の一九人と塩浜主の三人が馳走米六四八〇石を提供したのである（「三田尻鶴浜御開作築立記録」以下、これによる）。

この馳走米から恩米（給米のことであるが、給録帳に登録されていない者に対する呼称で、郡修補米から支給された）に充てる五五〇石を差し引いた五九三〇石が、撫育方に収納された。これを「和市石ニ付六拾目替ニして」換算すると、銀三五五貫八〇〇目になる。したがって、馳走米の銀三五五貫八〇〇目から造成経費の銀三四三貫三〇〇目を差し引いても、銀一二貫五〇〇目が残る。このように、最初に撫育方が実施した開作の経費は、基本的に豪農や塩浜主の馳走米で賄われたのである。

豪農と塩浜主が提供した馳走米六四八〇石から五五〇石を差し引いたのは、五〇〇石を宰判の郡修補米に加えて運用し、その利米五〇石（年利一〇%）を彼ら一〇人の恩米や扶持米に充てるためであった。なお、初年度は利米がないので、五〇石を余分に用意したのである。豪農などが、下級武士身分の御利得雇に登用されて地方諸役を勤め、勤功を挙げたり、馳走米銀を提供すると、藩府の「御根帳」（給禄帳）に登録されて本御雇になり、努力次第で三十人通に進み、さらに無給通に昇進し、希には、大組に昇格する場合もあった。このうち、御利得雇と本御雇は、恩米と扶持米が郡修補米から与えられ、三十人通以上は、扶持米が蔵元から支給された。この開作では、一三人が馳走米に加えて馳走銀も提供し、四人が三十人通、九人が無給通に昇進したので、結果として、郡修補米から恩米を受ける本御雇が九人に止まった。

浜作人（塩浜築造請負人）の一四人は、撫育方から「浜開立雑用銀」一四七貫目を借り受け、同二年三月に塩浜の築造に着手し、三年から四年にかけて順次造成していった。しかし、それで塩浜を築造することは不可能であったので、彼らは、自己資銀も投入している。撫育方も、資銀不足を補うため、先の豪農や塩浜主に馳走銀の提供を求めた。これに応じて、彼らのうち一三人が、銀一一二貫五〇〇目を追加提出している。この開作は、「此浜ニ鶴おり候ニつき鶴浜と申候」(『防長風土注進案』9三田尻宰判上、浜方)と、鶴浜と命名された。なお、当初は「鶴ケ浜」と称されたが、後に鶴浜(つるはま)と呼ばれるようになるのである。

撫育方の収入

鶴浜は、最終的には、塩浜三三町四反(塩浜二一枚、二三三八石)と畠二町(二〇石)で完成し、総石高が二三五八石となった(「鶴浜御開作絵図」天明七年)。撫育方は、鶴浜の浜主から塩浜一町に付き銀七〇〇目を七月と十二月に収納したので、年間に銀二三貫三八〇目が撫育方蔵に蓄えられることとなった。

宝暦(ほうれき)検地を実施する際に、当職裏判役高洲就忠らが豪農の経済力と村落での指導力(支配力)に着目し、彼らから馳走米銀を提出させ、その見返りとして御利得雇・本御雇・三十人通などの下級武士に登用し、藩政改革の基盤としたことは、すでに述べたが、このような方策は、撫育方の開作でも用いられていたのである。

重就は、鶴浜開作の成功を基に、鶴浜と田島村の間の干潟を開作することとし、再度、当職裏判役高洲就忠、当職手元役高杉春喜、郡奉行羽仁正之および三田尻都合人神保正勝を開作方御用掛に任じた。彼らは、明和三年十月十七日に開作の鍬初を行い、開作方頭取役以下の諸役とともに、翌四年一月二十五日に潮留に成功した。ここでも、鶴浜開作と同様に、豪農・豪商・塩浜主らから馳走米銀が提供されていた。なお、この開作は、当初、田島開作と言われたが、三月に大浜開作と改称された。

大浜開作は、大規模なものであったので、三田尻宰判の大庄屋重藤与左衛門や恵米方・算用師古谷小右衛門を初めとし、豪農など四五人が撫育方に馳走米銀を提供した。その総額は明らかでないが、彼らとは別に、萩藩の長崎御用聞長門屋（徳見）文平が一人で馳走銀一〇〇貫目を提出しているので、多額であったことが推定できよう。徳見文平による馳走銀の提出は、鶴浜開作の際に、萩の豪商で大年寄格の武田嘉平次が撫育方に馳走米一五〇〇石を提出し、「其身一代上方町人格」となった例にならったものと思われる。ちなみに、藩主重就は、長門屋伝助・文平父子の功績に報いるため、徳見文平を知行高二〇〇石の家臣に取り立て、将来は、大組格にすることとした（『毛利十一代史』七冊）。その後、大浜は、一の枡・二の枡・三の枡・四の枡・五の枡（北浜）から成る一二七町二反余（塩戸七五軒）の巨大な塩田として完成した（「塩製秘録」）。

撫育方の塩浜

この他にも、撫育方は、先述のように上地させた開作地を塩田や田畠に造成した。撫育方の塩浜は、鶴浜二二軒、大浜七五軒、中浜一三軒、江泊浜一七軒、青江浜一九軒、遠波浜一一軒および曽根浜一一軒（平生町）で、塩浜の合計が一六八軒に達している。塩浜の一軒が平均一町五反とされているので、その面積が二五二町になる（同上）。このうち、中関宰判の塩浜だけでも、鶴浜・大浜・中浜・江泊浜・青江浜・遠波浜で九三・五％（塩浜一五七軒、面積二三五町五反）を占めている。これが中関宰判を設置させた理由でもあった。いわゆる三田尻浜は、撫育方の鶴浜・大浜・中浜・江泊浜に、所帯方（蔵入地）の古浜三九軒（面積五八町五反）・西浦浜三五軒（面積五二町五反）を加えた総称である。

撫育方による急激な塩浜の造成は、他藩による瀬戸内海沿岸の塩浜造成と相まって、塩の過剰生産をもたらし、明和末期から塩業が不況に陥った。しかし、休浜協定の成立によって、塩業は不況から脱し、寛政期になると再び好況を迎えた。三田尻浜は、防長両国における塩業の中心として、年間約三〇万石の塩を産出し、瀬戸内で屈指の塩業地域となったのである。

二　石炭の開発

燃料炭

明和二年（一七六五）五月、郡奉行羽仁正之は、船木代官藤井嘉右衛門（直道）に対して、同宰判大庄屋林市郎左衛門の出願を認め、有帆村（小野田市）で石炭の運上銀を徴収する旨を伝えた。この地方の石炭は、正保二年（一六四五）に刊行された「毛吹草」に「舟木石炭、干漆ニ似、当所薪灯用之」と記されているように、長門国の名物として知られ、燃料や灯火に用いられていたが（『山口炭田三百年史』）、いまだ、塩浜との関係については触れていない。

宝暦十二年（一七六二）九月、山口の町人白須平七（米屋町）と金子清兵衛（相物小路）は、小郡宰判岐波村の床波浦（宇部市）で問屋を営み、石炭・塩・煙草・小糠・干鰯・魚などの商品を取り扱いたいと、給領主で一門の福原肥後（広門）に願い出た。福原広門は、年間銀三〇枚（一貫二九〇目）を上納することを条件として、同年十一月に両人に問屋の許可を与えた（『旧版宇部市史・史料編』）。この頃になると、石炭が商品として売買されるようになっていたのである。

有帆炭

他方、岐波村にも塩浜があり、塩の生産と販売が行われていた。ちなみに、享保十一年（一七二六）の浜高は、蔵入地が一〇〇石一斗余、給領地が七六石八斗余で、そのうち、床波浦は二四石八斗余である（『防長地下上申』三）。これらは、平七と清兵衛による上納銀の多さから見ても、塩浜に石炭が燃料として供給されていたことを示している。

先に、大庄屋林市郎左衛門が出願したのは、宝暦十二年から三年後のことである。このなかで、彼は、船木宰判の村々で石炭の採掘が盛んとなり、その石炭が有帆川の河口に運ばれ、同宰判のみならず、他宰判にまで販売されていたことを述べている（「船木宰判本控」）。その後、これらの石炭は、有帆炭と総称されるようになった。

石炭運上銀の徴収

重就は、当職裏判役高洲就忠と郡奉行羽仁正之を通して、船木宰判で石炭の採掘が盛んなことを知り、奨励するとともに、石炭運上銀を徴収することとした。採掘された石炭は、いったん有帆村の火箱に集められ、運上銀が徴収された後に、各地に運ばれた。石炭業者は、火箱で運上銀を上納し、勘場から木札（鑑札）をもらって、運送船に渡した。運送船は、有帆川河口の竜岩瀬に設置された札上所で木札を提出し、確認を得た後に各地へ向かった。この石炭運送船には、漁船と区別するため、左右に焼き印が押されていた。こうして、萩藩は、抜荷を監視し、石炭の流通を統制下に置いたのである。明和二年の見積によると、石炭運送船が二七一九艘で石炭を五万四二〇〇振ほど運送し、運上銀として銀一貫三五五匁を徴収することになっている。この運上銀は、半分が御手置銀に上納され、残る半分が代官所の管理に任されたのである。

石炭は、「水揚目方拾六貫目壱振」であるので、五万四二〇〇振が八六万七二〇〇貫目になる。このような大量の石炭が、一般家庭の燃料や灯火にだけ用いられたとは考えられない。当然、塩浜の燃料として使用されていたと見るべきである。

従来、三田尻浜では、「東塚之忠左衛門」が、「豊後国曽祢浜ニおゐて焚初至極重宝也」と、九州で行われていた「石炭焚」を安永七年（一七七八）に初めて導入したと言われてきた。これは、「大浜実録」の記事によるもので、「塩業休浜法」や「塩製秘録」にも同様の記載がある。しかし、ここに示したように、すでに明和二年に船木宰判で大量の石炭が採掘されており、他宰判に運送されていたのである。この運送先が三田尻の古浜（三田尻大開作）や中浜と見るのが自然であろう。

南蛮車の発明と改良

有帆炭は、初めは九州炭より劣ると評価され、塩田業者から忌避されたが、萩藩の奨励や強制によって、次第に塩浜で燃料として使用されるようになった。天保末期の石炭産出高は、二一万七一六八振（三四七万四六八八貫目）で、明和二年の石炭産出高の四倍に及んでいる。さらに、南蛮車（なんば）の発明と改良によって、安政四年（一八五七）には四五万振に達し、天保末期の二倍強となっている。

この南蛮車は、天保十一年（一八四〇）頃に宇部村亀浦の農民七右衛門と九十郎の兄弟が開発したもので、釣瓶の綱を滑車に通して、轆轤（ろくろ）で巻き上げる人力の巻上装置であが、嘉永六年（一八五三）に改良されて大規模になり、「長州南蛮車」として、九州各地でも広く用いられた（前掲『山口炭田三百年史』）。

長州炭の長崎輸出

安政四年八月、萩藩は、幕府から長州炭を下田へ運送するように依頼されて、一〇万振の増産計画を立てている。なお、この頃になると、有帆炭は、船木宰判以外でも石炭が採掘されるようになったので、長州炭と総称された。長州炭は、

長崎表聞合吟味仕候処、御国産石炭の儀は、塩浜焼には下品に御座候へ共、於蛮国実用最上にて、（「御国産極上石炭公儀御用に相成候袖控」『来原良蔵伝』上巻）

と評価が高まり、安政四年から長崎にも輸出され始め、薩長交易でも重要な物産となった。他方、萩藩は、幕府の黙認の下で、万延元年（一八六〇）から外国船に長州炭を販売するようになる。以上のように、長門国の石炭業は、天保期から大きく発展するが、その基礎は、明和期に築かれていたのである（前掲拙著『転換期長州藩の研究』）。

三　製糖業の育成

長府領の製糖業

萩藩の塩田や石炭の開発に先だって、宝暦六年（一七五六）に長府領内で大規模な黍畠が展開し、製糖業が興っていた。毛利重就は、宗家の家督を継ぎ、長男文之助（長府藩主毛利匡満、当時四歳）に長府藩主の座を譲った際に、寛延四年七月二十一日付の長府藩家老に宛てた「申聞条々」で、

彼者未幼少之事に候間、家之仕置只今之通我等差図可令沙汰候条、

（『毛利十一代史』七冊）

と述べている。このように、萩藩主重就は、萩本藩とともに、長府支藩も実質的に掌握していたのである。したがって、長府領の製糖業は、萩本藩における産業開発の先駆的な役割を担っていたと言えよう。

永富独嘯庵

製糖事業に取り組んだのは、永富独嘯庵（鳳助）と長兄内田孫右衛門（安岡村大庄屋）・次兄勝原吉太夫（宇部村庄屋）の三兄弟である。独嘯庵は、享保十七年（一七三二）に長府の東側に隣接した豊浦郡宇部村（下関市）庄屋勝原治左衛門の三男として生まれ、一三歳のと

きに萩に出て、井上玄静に医学、山県周南に儒学を学んで将来を嘱望されるようになり、一六歳で萩藩主毛利宗広に従って江戸に赴いた。山県周南は、藩校明倫館の第二代学頭を勤め、萩藩を代表する儒学者として広く知られている。独嘯庵は、翌年に江戸から帰り、下関の医家永富氏の養子になった（『先哲叢談』。「独嘯庵先生行状」）。なお、三兄弟の父勝原治左衛門は、長府藩士松岡家から勝原家に入って庄屋を勤めた人物であるが、末弟の知泰は、長府藩の儒臣小田雲洞の養子になり、後に、小田亨叔（済川）と称して長府藩校敬業館の学頭になっている。

独嘯庵は、宝暦元年に上洛し、古医方の大家として著名な山脇東洋の門に入り、さらに、同四年に越前国の奥村良竹にも学んで、古医方の汗吐下の三方を大成した。彼は、古医方の医者として名を挙げたが、産業の開発にも関心を抱き、長兄内田孫右衛門と次兄勝原吉太夫とともに、長谷川慶右衛門から製糖術を学んだ（同上）。慶右衛門は、長崎で唐人から製糖術を伝授された人物で、それに工夫を加え、白糖製法の技術を会得していた。このため、彼は、尾張藩（名古屋藩）に五人扶持と金一〇両で召し抱えられて、砂糖の製造を指導していた。ただし、尾張藩は、製糖奉行を任命して、砂糖の製造と取り組んだものの、結局、製糖事業を発展させることができなかった（『日本糖業史』『大日本農史』）。

白糖製造

三兄弟は、長崎で砂糖黍（きび）の苗を銀五貫目ほど買い入れ、孫右衛門の安岡村と吉太夫の宇部村で栽培を始めた。その後、黍の栽培が順調に発展し、安岡・宇部両村の他に、長府領の長府・赤間関・黒井村・川棚村・角島などでも栽培され始め、宝暦五年には、黍の植え付けが六万余株に増加した。これを基に、長府藩は、対岸の温暖な小倉領にまで黍の栽培を広げようとしていた（「長府御領砂糖製作一件」、以下これによる）。

長府藩は、宝暦五年に大坂商人と年一万斤の白糖を向う一〇年間ほど輸出する契約を結び、翌六年六月に幕府に許可を願い出た。ここでは、詳細な計算は省略するが、砂糖黍の六万株から白糖が一万二〇〇〇斤ほどでき、銀二四貫目から銀三〇貫目の収入があった。このうち、銀一八貫目が長府藩に上納されたのである。他方、農民にとって、砂糖黍の栽培は、一反で銀二〇〇目の純収入が得られたので、米を作るよりも三倍から四倍の利益があった。長府藩は、内田孫右衛門に製糖事業を行わせたが、黍の刈り取りから製糖までの全過程に役人を立ち会わせ、作業が完了すると、瓶や諸道具を封印し、私的な製糖を禁じていた。

幕府役人の検査

幕府は、砂糖が唐物（長崎の輸入品）であったので、長府藩の製糖事業に密貿易の疑惑

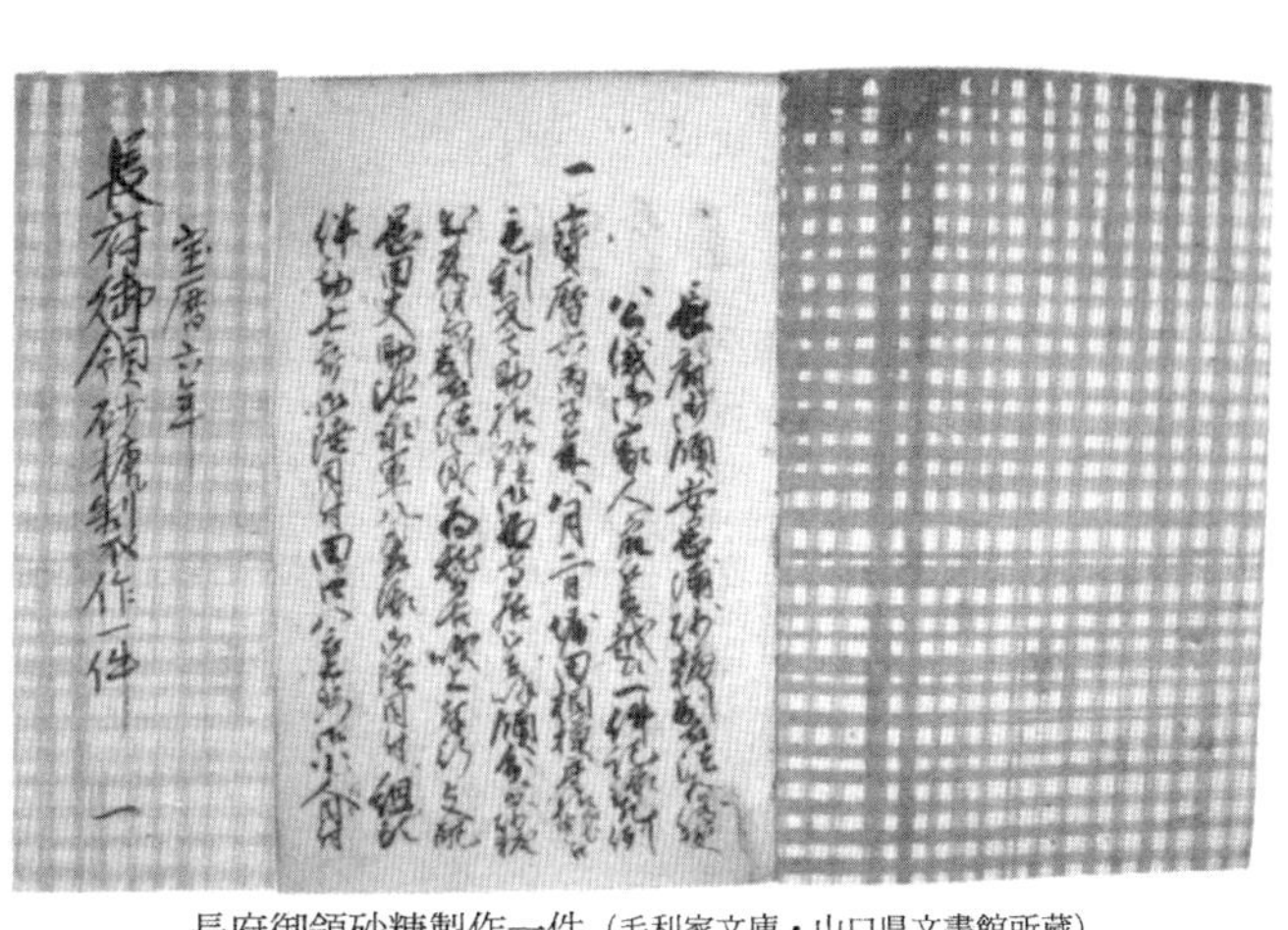

長府御領砂糖製作一件（毛利家文庫・山口県文書館所蔵）

を抱き、見分役人を派遣して検査を開始した。内田孫右衛門・勝原吉太夫兄弟は、見分役人のうち、「吹上衆(ふきあげしゅう)」岡田丈助(おがしょうすけ)・池永軍八(いけながぐんぱち)両人の立ち会いの下で、同年十月十一日から十一月十七日まで実際に白糖を製造して見せた。見分役人らは、いまだ江戸（吹上御庭）や駿府では成功しないのに、長府領で白糖（三盆白(さんぼんじろ)）が製造されたことに驚嘆している。

白糖の製造方法や「砂糖製作場」の略図は、「砂糖製作覚」と「上野市右衛門江内田屋孫右衛門夜話」（前掲史料に収録）に、詳しく記載されている。それによると、白糖精製の具体的方法は、平賀源内が『物類品隲(ぶつるいひんしつ)』で紹介している中国式の泥土脱色糖法である。この方法は、素焼瓶の底に小さな穴をあけ、その穴に茶葉を差し込み（『物類品隲』では藁で塞ぐ）、上から煮詰めた糖液を入れ、液体部分を下の桶に糖密として落とし、その晒した糖液の一〇分の一を上から掬って別の瓶に移す。これを繰り返しながら晒し、最後に瓶口を泥土で塗って密封した。源内が『物類品隲』を上梓したのは、宝暦十三年である。それに先立って、長府領で白糖が製造されていたことを強調しておきたい。

密貿易の嫌疑

幕府は、見分役人を長府藩に派遣して検査させ、大坂方でも調査させたが、製糖事業と密貿易の関係を明らかにすることができなかった。しかし、見分役人は、幕府への報告書で、独嘯庵と二兄が密かに「渡り之白砂糖黒砂糖を買得」して三盆白に仕上げている、と嫌疑を指摘していた。事実、内田孫右衛門は、高価な白糖の代わりに黒糖を輸入し、それを国内で白糖に精製する方が国益に適うと主張していた。長府藩は、領内で黍を栽培して製糖事業を興すとともに、輸入の黒糖を白糖に精製して利益を得ようとしたのである。幕府との交渉が萩本藩によって行われていたことは、すでに述べた通りである。

萩藩主重就は、宝暦二年四月に大坂米切手訴訟事件、同三年二月に赤間関抜荷事件が解決したばかりであったので、幕府から密貿易の嫌疑をかけられたことを重視し、長府藩の製糖事業を中止させた。これによって、長府藩の製糖事業は、大きな発展を目前にして挫折したのである。

白糖精製技術の伝播

しかし、独嘯庵と二兄の白糖精製技術は、「吹上衆（ふきあげしゅう）」の手を経て伝播した。「吹上衆」の岡田丈助は、「吹上御庭の下吏岡田丈助某といえるは心ききたるものにて、やや製法に熟せり」（『有徳院殿御実記附録巻一七』国史大系四六巻）と記されているように、幕府製糖業の中心的な人物であった。独嘯庵などの白糖精製技術は、岡田丈助らによって、幕府の「吹上御庭」に伝えられ、田村元雄（たむらもとお）（藍水（らんすい））に受け継がれて伝播したと思われる。

武蔵国橘樹（たちばな）郡大師河原村（神奈川県川崎市）の名主池上太郎左衛門（幸豊）は、製糖法を完成し、製糖業の普及に勤めたが、江戸で田村藍水から製糖術を伝えられていた。藍水は、宝暦十三年に町医から幕府医員となり、国産人参の栽培と製造を行った著名な本草（ほんぞう）学者（がくしゃ）として知られている。「吹上衆」の岡田丈助がもたらした白糖精製技術が、藍水を経て池上幸豊（いけがみゆきとよ）に伝えられたことは、十分考えられるのである。平賀源内（ひらがげんない）が『物類品隲』に収録した白糖製造法は、師の藍水から伝わったと言えよう。

寛政末期から有名になる高松藩の讃岐三盆白と独嘯庵らの白糖精製技術との関連は明らかでない。しかし、向山周慶（さきやましゅうけい）（讃岐白糖の創始者）の白糖製造法が、独嘯庵などのそれと類似していることは確かである。しかも、周慶が高松藩主に白砂糖を献上したのは、享和三年（一八〇三）である。したがって、ここにも独嘯庵などの白糖精製技術が、間接的に伝えられた可能性が高いのである。

文化十三年（一八一六）に上梓された『先哲叢談』では、独嘯庵の事績が記され、製糖事業についても「其製至レ今沿二用之一云」と述べられている。これによって、当時の世評の一端をうかがうことができよう。

四　山代請紙制の再建

山代地方の楮栽培と紙漉

山代地方（山口県玖珂郡北部の山間地域の総称）では、戦国末期から楮の栽培が盛んで、紙が漉かれていた。その起こりについて、「山代温故録」は、永禄年間に波野村の中内与左衛門が安芸国高田郡吉田（広島県吉田町）で紙の製法を学び、楮の栽培を普及させたと記し、「地下上申」は、宇佐郷の宇佐川左馬允が楮を栽培し、子供に紙を漉かせたと述べている。他方、戦国期に周防国の山代地方が安芸国の山里地方（広島県佐伯郡の山間地域の総称）や石見国の吉賀地方（島根県鹿足郡六日市町や柿木村付近の総称）と密接な関係があったこと、三地方が紙の特産地になっていたこと、宿駅と港町の両機能を持つ廿日市（広島県佐伯郡廿日市市）が三地方を結びつける交易拠点の役割を担っていたこと、などが明らかにされている（岸田裕之『大名領国の経済構造』。秋山伸隆「室町・戦国期における安芸・石見交通」『史学研究』二一八号　一九九七年）。

寛永検地と山代地方

萩藩は、寛永元年（一六二四）十二月に検地に着手し、翌年八月に完了させた。これを寛永検地という。これを基に、萩藩は、大幅な給地替を行い、山代地方を蔵入地にし、石高を四万八〇一五石に定めた。同三年九月十日、当職益田玄蕃頭（元祥）は、山代代官平川清兵衛尉（正時）に「覚」を与え、山代地方の田方の租率を七三％に戻すように指示した。寛永検地では、過去四年間の貢租収納実績を基に、それが「五つ成」（租率五〇％）になるように石高が決定されていた。しかし、山代地方は、「六つ成五歩」に設定され、慶長検地の「七つ成三歩」に戻されたのである（「譜録・平川吉兵衛正時豊」）。当職益田元祥は、同五年九月に検使として原権左衛門（元勝）を山代地方に派遣し、楮抨（楮検地）を行わせ、楮一釜を銀三匁に定めた。さらに、同七年には、楮一釜の石高（楮根石）を三斗一升とし、畠石と同様に石貫銀（畠租や各種小物成の代銀納で、高一石に付き銭一貫文＝銀一〇目を徴収した）を課するとともに、紙漉にも紙漉船役銀を上納させた。こうして、山代地方の農民は、田畠の貢租に加えて、楮石の石貫銀と紙漉船役銀が賦課されたのである。これらを基に、萩藩は、寛永八年から山代地方に対して請紙制を実施した。

寛永期の請紙制については、明らかでない。しかし、「御所帯一件」に収録されている承応元年（一六五二）の決算書と翌二年の予算書によって、その実態を知ることができる。また、「大記録」には、このなかから山代地方の貢租収納に関する記事が収録され、請紙制の仕組が詳細に伝えられている。これらによると、山代地方は、石高が田方二万四二六五石・畠方一万二二〇六石・楮方二万三〇六五石で、合計五万九五二六石となり、その貢租が田方物成九七〇六石（四つ成）・畠方物成一一一貫四〇〇目（石貫銀）・楮銀二二三貫三〇〇目（石貫銀）・浮役銀一三貫八〇〇目・口米他諸雑銀三貫目であった。

この際、萩藩は、田方物成九七〇六石にほぼ相当する一万石を銀一〇〇目に付き米三石の「和市」で売り渡すこととし、その銀高三三〇貫三〇〇目を計上した。これは、同地方が山間部で田地が狭く、米の収穫が少ないので、それを名目にした帳簿上の操作である。その結果、合計銀高は、六八一貫八〇〇目となった。

萩藩は、貢租銀のうちで銀六〇〇貫目を「根銀」と定め、収納紙二万丸と相殺した。ちなみに紙の単位は、二〇枚が一帖、一〇帖が一束、一〇束が一締、四締が一丸であるので、二万丸を換算すると、一六〇〇〇万枚になる。萩藩は、山代紙二万丸を大坂に運送し、紙座（大坂の豪商）に売益銀二四〇貫目（四〇％）を加えた銀八四〇貫目で販売させた。この売益銀二四〇貫目は、銀一五〇貫目が萩藩、銀九〇貫目が紙座に配分されたが、運送賃の銀一四貫目は、紙座の負担とされた。もちろん実際には、山代紙が高く売れれば、紙座の利益が増したのである。なお、貢租銀の合計六八一貫八〇〇目から収納紙二万丸分の銀六〇〇貫目を差し引いた銀八一貫八〇〇目は、「根銀残」として別途に徴収された。この山代貢租銀六八一貫八〇〇目は、萩藩の全収入銀（売米代銀を含む）の二七％を占めていたのである（御薗生翁甫『防長造紙史研究』。峰岸賢太郎「成立期藩経済の構造」『日本経済史大系』3　近世上）。

請紙制の衰退

このような請紙制の下で、山代地方の農民は、楮を栽培して紙を漉き、貢租銀を紙で上納したが、米の銀換算や貢租銀の紙換算が藩府の恣意によって定められたので、過酷な状態に置かれることとなった。他方、萩藩は、紙の販売代銀が重要な財源であったので、請紙制の維持に努めた。山代地方では、元禄十年（一六九七）に公納紙二万五四九〇丸と地下紙五〇〇〇丸、宝永四年（一七〇七）に公納紙二万六一九〇丸と地下紙二九〇〇丸が漉かれていた。

しかし、宝永七年に萩藩が家臣救済銀八〇〇貫目を大坂の豪商から借り、その抵当に山代地下紙三七〇〇丸を充てたため、農民の楮・紙生産意欲が著しく減退した。萩藩は、銀八〇〇貫目の返済に、紙三七〇〇丸の本銀一七七貫目と「五割増銀」八八貫五〇〇目の合計二六五貫五〇〇目を五年間も充てることとしていたのである。萩藩は、山代地方の農民に本銀一七七貫目の五か年分の合計銀八八五貫目を一〇年賦で支払う約束をしたものの、財政が破綻状態に陥っていたので、履行しなかった。山代地方では、種々の名目で地下紙が漉かれ、村々の農民生活が支えられていたが、それが失われたのである。

その後、正徳二年（一七一二）の山代地方は、「三拾三ケ村之内拾弐三ケ村之儀ハ大形亡所之躰」（「製紙録」「製紙一件記録」、以下とくに断らない場合は両史料による）と言う状態になっている。

山代地方の一揆

このため、享保三年（一七一八）三月には、山代地方で大規模な一揆が起こった（拙稿「長州藩経済政策と山代請紙制」『産業の発達と地域社会』）。

請紙制が山代地方の農民にとって、過酷なものであったので、万治元年（一六五八）が七万二三五四釜、寛文七年（一六六七）が六万一六一四釜、貞享四年（一六八七）が六万一三七〇釜、元禄十年が六万一三七〇釜（同数）、享保十九年が五万釜と、楮検地のたびごとに楮石が減少した。

享保十九年の五万釜について説明を加えると、山代郡合人坂九郎左衛門（時存）が検地に先立って調査したところ、「御帳面楮」高の六万二三〇七釜に対して、一万八〇〇〇釜しか存在しなかった。検地後には、楮高の約半分の三万二三七五釜になったが、これでも大きく不足していた。このため、坂時存は、他郡から一万七六二五釜の楮を買い入れて（「被楮」）、新楮高を五万釜に定め、一万二三〇七釜を否楮（楮高の削除）とした（「山代古今御仕法廉書楮方一件之部」）。

ウンカの被害

享保十七年は、防長両国でも五月、閏五月、六月と長雨が続き、七月になると「蝗」が発生した。九月には、未曾有の「蝗害」となり、最終的には、萩藩の被害高も米二九万二七四〇石に達した。藩府の記録は、「蝗」としているが、実際にはウンカである。「品秀寺年代記」（『錦町史』）は、「雲蚊」によって、次々に稲が立ち枯れる様子や餓死者が続出する悲惨な山代地方の実態を生々しく伝えている。この虫害は、防長両国のみでなく、西国全体に拡大したが、耕地が少なく、楮生産を強制されていた山代地方の被害は甚大であった。餓死者は、本郷村で三七六人、下畑村で三〇四人、生見村で二一三人など、山代地方の村々でも二〇％から三〇％に及んだと言われている。これに加えて、

悪疫の流行

防長両国では、翌十八年の春から悪疫が流行し、多数の病死者がでた（「二十八冊御書付」）。

このため、山代地方の村々では、田畠や楮畠の管理ができず、楮生産も激減した。以上のような状況下で、坂時存は、楮検地を実施し、楮高を確保しようとしたのである。

山代復興策と請紙制の再建

明和六年（一七六九）一月二十四日、重就は、合併させていた山代宰判を奥山代宰判と前山代宰判に戻し、奥山代御仕組方に村田四郎左衛門（為之）・山県弥兵衛（晴良）、前山代代官に戸田九郎左衛門（勝貞）を任命し、請紙制の再建にあたらせることとした。当時、大坂では、山代紙の品質が劣り、「帖不足」も目立つなど、山代紙の評判が悪くなり、蔵元から改善の要望が藩府に伝えられていたのである。以後、三人は、請紙制の建て直しにあたった。

その再建策は、検査の徹底、品質の向上および楮高の増加を三本の柱としていた。彼らは、同六年十月に「見取所御仕法替」を行い、南桑の見取所における公納紙の検査を徹底して「帖不足」が生じないようにし、品質の確保をはかった。後者の具体的方法については、煩雑になるので省略する。彼らが両宰判で楮検地を実施したところ、奥山代宰判は、「御帳面楮」高の二万八五〇釜のうち、「現有楮之分」が一万二三〇一釜、「被楮」が八五四九釜で、前山代宰判は「御帳面楮」高の二万五六八〇釜のうち、「現有楮之分」が一万四二六七釜、「被楮」が一万一四一三釜であった。両宰判を合計すると、

「御帳面楮」高が四万六五三〇釜で、そのうち、「現有楮之分」が二万六五六八釜、「被楮」が一万九九六二釜となる。

村の復興と楮の増植

彼らは、貧窮者を救済し、水風呂（現在の風呂と同じもの）を設置して健康の管理を行い、手習も奨励して、疲弊した村々の復興をはかり、さらに、他郡から楮を買い入れる「被楮」の増加が村々を困窮させているので、楮の増植を行うこととした。その楮増植計画は、二〇年間をかけて奥山代宰判で一万釜、前山代宰判で一万五〇〇〇釜を増加させようとしていた。したがって、一年に一二五〇釜分の楮苗一二五万本を植え付ける必要があったが、疲弊した村々が自力で行うのは困難であった。このため、彼らは、楮苗一二五万本のうち、八〇万本を「御救苗（おすくいなえ）」として植えさせ、一釜分の一〇〇〇本（一株＝四本、一釜＝二五〇株）に付き銀一五匁と米一斗五升を支給した。これは明和七年の春から実施された（「楮苗植付仕法一件」。『錦町史』）。これによって、衰退の一途を辿っていた楮・紙生産は、一時的とは言え、回復に向かったのである。

彼らの方策は、「明和之仕法替」と言われて、後世にも大きな影響を与えた。しかし、それは、宝暦十年（一七六〇）三月に奥山代代官の都野正兵衛（つのしょうべえ）（祥正（よしまさ））が当職毛利広定に提出した長文の建言書を基に、彼らが立案したものである。この建言書は、「宝暦年中御書附之内御紙楮其外之事」(「製紙録」「製紙一件記録」)として伝わっているが、過去の問題点を指摘し、請紙制の再建策を具体的に示している。先述のように、都野祥正は、延享元年(一七四四)八月に吉田宰判の下代(しもだい)役から山代宰判の下代役に移り、同四年二月に前山代代官に転じ、その後、所帯方と奥山代代官を二度ずつ勤め、宝暦十一年九月に小村帳頭取役になり、さらに、同十三年五月に撫育方頭取役に就任するなど、地方支配に精通した有能な人物であった。

重就は、都野祥正の建言を認め、「地方巧者(じかたこうしゃ)」の村田為之・山県晴良・戸田勝貞に命じて、重要な財源の楮・紙生産を回復させ、請紙制を再建させたのである。

五 櫨蠟・木綿織の増産と統制

薩摩櫨の栽培開始

萩藩は、天和元年(一六八一)から領内で桑・漆・櫨(はぜ)・油木の栽培を奨励したが、いまだ成果を得るに至らなかった(「二十八冊御書付」)。萩藩が薩摩櫨の栽培と本格的に取り組むのは、享保十年(一七二五)一月からである。この月、萩藩は、薩摩櫨の栽培で優れた技術を修得していた村上平次郎を指導者に任命し、領内全域で薩摩櫨を栽培させることとした。その方法は徹底したもので、蔵入地や給領地はもとより、武家屋敷・寺社境内・町屋敷・農民屋敷の周辺に至るまで、薩摩櫨を植え付けさせたのである。収穫された櫨実は、蔵入地の方法が適用され、実作者に半分、給領主・寺社家・諸屋敷所有者に残る半分が配分された（『毛利十一代史』五冊）。これによって、萩領全域で薩摩櫨の栽培が普及したのである。

薩摩櫨の栽培が普及

櫨実の収納方法

一九年後の延享元年（一七四四）に、萩藩は、櫨実の取り扱いを厳重にするため、これまで各宰判に一人ずつ置いていた「櫨方手子（てご）」を改め、「村手子」に「櫨方手子」を兼帯させ、各村における櫨実の収穫状態を把握させるとともに、勘定役のうち一人を「櫨実取立人」に任じ、各宰判を巡察させた。そして、萩藩は、「抜櫨実有之様ニ相聞候」ことを理由に、給領主が収納した櫨実も買い取り、「木主（きぬし）」（主として農民）から買い上げる値段で代銀を支払った。この頃は、蔵入地と給領地ともに収穫された櫨実の三〇％を「御徳用櫨」と称して萩藩と給領主がおのおの収納し、さらに、萩藩が残りの七〇％を蔵入地と給領地の「木主」（農民）から買い上げていた。この「御徳用櫨」は、年貢に相当する。

櫨蠟の専売制

また、萩藩は、三田尻に櫨方役所（三田尻櫨方）を置き、藩営板場を設けて蠟を製造していたが、萩にも藩営板場を開設し、民営板場を禁止した。こうして、萩藩は、櫨蠟（はぜろう）の専売制を実施したのである。なお、収納分の五〇％が三〇％に減少した時期は明らかでない。

三田尻櫨方が設置された時期も定かではないが、寛延二年（一七四九）に三田尻櫨方の記事が見えるので（五十君（いおぎみ）家文書）、それ以前であることは確実である。宝暦二年（一七五二）一月十五日、所帯方は、三田尻櫨方の櫨板場で櫨絞りが始まるので、検使役として境忠左衛門（直堅（なおかた））を派遣した。その後、検使役境直堅は、同年四月二十八日に「三田尻櫨方御蔵」の建築が始まり、六月二十八日に櫨蔵の棟上（むねあげ）が行われたことを当職座に報告している（「当職所日記」）。

先述のように、坂時存・長沼正勝・山県昌貞の三老臣は、宝暦三年に提出した「三老上書」で、近年は櫨の栽培が順調なので、農民の経営が成り立ち、彼らの生活も潤っていると述べている。萩藩は、同四年度の予算書で、大坂での生蠟販売代銀八四七貫目を計上した。その説明には、

> 酉年分（宝暦三年）櫨実を戌ノ年（同四年）締立相成分、生蠟ニして弐千五百三拾八丸、丸別三百三拾四匁替引当ニして右之辻、（「御所帯根積」）

とあるので、予算書とは言え、実質的な生蠟数と代銀を示していると見て差支えないであろう。この生蠟販売代銀は、紙販売代銀一七八八貫目、大坂運送米代銀一六一〇貫目に次いで多く、諸郡畠銀（畠の貢租銀）八〇二貫目よりも四五貫目も上回っている。

櫨蠟専売制の強化

重就は、櫨蠟が重要な財源になっていたので、櫨実の独占的集荷と櫨蠟の専売制を強化した。宝暦七年九月二十日、当職裏判役高洲就忠は、当島（とうじま）代官粟屋勝之に「覚」を発給し、同三年から六年までの三か年の収穫高を平均して「定法」櫨実高を定め、その三〇％を萩藩が収納し、今後、櫨実の収穫高が増加しても「右抨の外御徳用不被召上候」ようにすること、残りの七〇％は従来通り「木主」（農民）から買い上げること、赤間関の商人に櫨実の絞りを請け負わせたこと、櫨実の脇売を厳禁することなどを伝えた（「御書付其外後規要集」、以下同じ）。当然、同じものが各代官にも通達されていたと思われる。これによって、櫨実の収納方法にも、定免制（じょうめんせい）が適用されたことがわかるのである。

萩藩は、宝暦九年に萩・片河町の重村吉右衛門と長谷川宗兵衛に晒蠟の製造と領内販売の独占権を与え、他国蠟の売買を禁止し、それと見分けるため、御用蠟は印打ちすることとした。萩藩の生蠟は、「一〇」の印が標されていたので、大坂市場で「一丸蠟」と称されて高い評価を得ていた。したがって、領内でも、同じ「一〇」の印打ちが行われた可能性が高い。この晒蠟は、「諸郡鬢付屋中」に販売されたのである（同上。「米紙蠟並藍専売事」）。

櫨実の減産

翌十年七月四日、萩藩は、櫨実の生産が減少したので、同六年から九年までの四か年の平均収穫高を「定法」櫨実高と変更し、その二〇％を萩藩が収納することとした。櫨実の独占集荷体制が強化され、櫨実の買い上げ値段も低く抑えられていたので、「木主」（農民）の生産意欲が減退したのである。同月二十七日に所帯方佐藤与三右衛門（勝長）・粟屋勝之、蔵元両人役佐々木満令・坂時連、郡奉行羽仁正之の五人が連署して、吉田代官氏家矢之助（親邦）に宛てた「覚」によると、入札の結果、萩・下五間町の阿川次郎左衛門・常磐屋孫兵衛・山田源兵衛の三人が吉田宰判の櫨実仲買を落札したこと、彼らの櫨実請負高が一万二〇〇〇貫目であったことなどがわかる。

当時、萩藩には、一七宰判があった。このうちから、請紙制が施行されていた前山代・奥山代両宰判を除くと、一五宰判が残る。吉田宰判の櫨実が一万二〇〇〇貫目であったので、単純計算すると、一五宰判では、櫨実が一八万貫目に達することになる。しかし、この櫨実高は、宝暦三年の二三万貫目より五万貫目も減少している。

安永九年（一七八〇）二月一日、郡方本締役熊野藤右衛門（為信）は、所帯方下村政武の依

頼を受けて各代官に「覚」を発給し、晒蠟の販売が不振なので、他国蠟の取り締まりを強化するように要請した。ここには、依然として、重村吉右衛門と長谷川宗兵衛が晒蠟の製造と領内販売の独占権を得ていること、萩町の「鬢付屋中」に対する晒蠟の定売高が一万五〇〇〇斤に達していること、大坂値段を参考にして、国産晒蠟の値段を一斤に付き三匁二分に引き下げたこと、他国蠟が流入しているので、監視を強化する必要があること、宮市、山口、小郡および「両大津其外」でも晒蠟が「鬢付屋中」に販売されているが、予想よりも晒蠟が売り捌けないこと、などが示されている（拙稿『萩市史』一巻。拙稿『防府市史』通史II　近世。田中彰「長州藩における櫨と蠟」地方史研究協議会編『日本産業史大系』七巻　東京大学出版会　一九六〇年。後に『長州藩と明治維新』に所収）。

以上のように、宝暦期から安永期にかけて萩藩が実施した櫨蠟の専売制強化策は、大坂売りに加えて、領内の「鬢付屋中」に対する晒蠟の販売にも力点が置かれていたのである。これは、大坂運送米のみでなく、領内で港町を開発して米穀市場を創設し、米の領内売りを推し進めた政策と同じものであったと言えよう。

綿作と木綿織

寛文元年（一六六一）七月、当職榎本就時は、所務に関する箇条を各代官に発給し、そのなかで、木綿の栽培を奨励した（「万治制法」『山口県史料』近世編法制上）。「玉祖明神御縁記」

（『防府市史』史料Ⅱ下）には、寛文期から三田尻宰判伊佐江村（防府市）における綿作の様子が伝えられ、米・麦などとともに、綿の作況や値段も記載されている。このように、綿作は、領内の瀬戸内側諸村で普及し始めたが、木綿織が盛んになってきたので、領内の綿のみでは大きく不足するようになっていた。このため、萩藩は、上方から繰綿を購入し、その需要に応じたのである。

繰綿の購入

天和三年（一六八三）十一月、当職毛利外記（就直）は、各代官に「覚」を発給し、上方から購入する繰綿の問屋を京都の商人大黒屋善四郎に指定したことを伝え、他から繰綿を購入することを禁じた。しかし、大黒屋善四郎の取り扱う繰綿の値段が高く、領内の綿商人から不満が生じたので、当職毛利就直は、翌貞享元年（一六八四）九月に繰綿問屋を大坂の商人白井太左衛門と長田三郎右衛門に変更し、彼らから繰綿を独占的に買い付け、「ぬけ綿」を厳重に取り締まることとした（『毛利十一代史』三冊）。

元文四年（一七三九）十二月二十八日、当職山内縫殿（広道）は、郡奉行長沼九郎右衛門（正勝）に宛てた「覚」で、近年、萩藩の売紙（地下紙）・麻布・木綿織を取り扱う大坂「惣問屋」の一文字屋平右衛門に荷物が届かなくなったため、平右衛門が迷惑していることを指摘し、今後は、各宰判の下代や算用方が厳重に送状を見届け、船頭に荷物を平右衛門に届けさせるように命じた。このなかで、一文字屋平右衛門について、前任者の和泉屋市郎兵衛の不納銀一〇貫五〇〇目を肩代わりして「惣問屋」となったと記されているので、享保期には、萩領の木綿織が大坂に運送されていたことがわかる（「二十八冊御書付」）。

木綿織の運上銀

その後、領内の木綿織が盛んになり、繰綿の需要が増加したため、大坂の繰綿問屋のみでなく、他国廻船からも繰綿を買い入れるようになった。このような状態が出現していたため、重就は、宝暦十三年（一七六三）に入津の繰綿と出津の木綿織（「布木綿」）に運上銀（運上銭）を課すこととし、各宰判に運上方制道人を配し、市町や港町に制道場を置いて監視させた。明和四年（一七六七）の綿布運上仕法によると、地下制道人が徴収した運上銀は、一か月ごとに勘場に集められ、四か月ごとに勘場から蔵元両人役に属す勘文方に上納されていた（「綿布口銭取建御仕法筋根帳」）。他方、領内売りの木綿織には、萩町に搬入する際には運上銀（反別三文）を徴収するが、その他の地域では生活に必要なものとして運上銀を免除していた。このため、消費用木綿織の名目で抜荷が横行し、役人手子たちは、運上銀の徴収に難渋した（「御書付其外後規要集」）。

抜荷監視体制の強化

安永三年（一七七四）十月七日、所帯方福原与三左衛門（頼勝）と遠近方矢島作右衛門（直

躬）は、当職佐世六郎左衛門（広嘉）の意を受けて、各代官に木綿織の運上銀に関する連絡を行ない、監視体制の強化を要請した。このなかには、所帯方から抜荷制道人として三人を各宰判に派遣し、運上方制道人や地下制道人の勤務を検査すること、大島・上関・熊毛の三宰判で帳面に記載されていない木綿織は、抜荷として取り上げること、「商店構」や「見世店」にある木綿織でも、「帳面落」や「無切符」は、抜荷として取り上げること、阿武郡に送る木綿織は、他国へ輸出分として、一反に付き八文の運上銭を徴収すること、支藩から木綿織を萩町に搬入する際には運上銭が一反に付き八文であるのに、近年、本藩領と同様に一反に付き三文としているので、規則通りに八文とすること、大島郡と都濃郡における木綿織の運上銭は、御手置銀に上納してきたが、勘文方を経ずに、勘場から撫育方に直接上納すること、「運上場制道所」で不正が生じないように、地下制道人の指導を行なうことなどが記されていた。このように、木綿織運上銀（運上銭）の徴収が厳重に行なわれていたのである。なお、同七年には、阿武郡に送る木綿織から徴収していた運上銀（運上銭）を免除した。

この時期の木綿織産出高は、明らかでないが、明和六年には、瀬戸内海側の諸宰判では、木綿織が盛んになっていたことがうかがえる（「中熊毛宰判本控」）。文化十四年（一八一七）

十月に山口の商人竹下安右衛門が京都留守居役柿並半右衛門（正克）に提出した「御両国木綿大坂登り高略積」（安部家文書）には、「天明年中迄ハ百四五拾万反も登り来候様申事ニ御座候」と記されている。これは、後年の記述とは言え、天明期における木綿織の大坂輸出高を推定する手がかりになるであろう（『防長歴史用語辞典』）。

綿布運上仕法の影響

宝暦十三年に重就が制定した綿布運上仕法は、その後も引き継がれて行き、文化十一年の「御国産方御役座」、文政十一年（一八二八）の産物会所の設置にも影響を与えた。先に示した「綿布口銭取建御仕法筋根帳」は、天保十四年（一八四三）三月に天保改革の一環として制定した綿布運上仕法を中心に編集されたものである。

第六　教学の刷新と編集事業

一　明倫館の刷新

側儒滝鶴台

重就は、側儒滝鶴台（弥八）の献策を受けて、藩校明倫館の大幅な刷新をはかろうとしていたが、明和九年（一七七二、十一月十六日に安永と改元）二月の江戸の大火によって藩邸が三つとも焼失したため、断念せざるを得なかった。

明倫館は、二代学頭山県周南の下で、津田東陽、山根華陽、小倉鹿門、和智東郊、小田村鄜山、滝鶴台、林東溟、窪井鶴汀、仲子岐陽、田坂覇山などの俊秀を輩出し、多くの成果を上げていた。周南が荻生徂徠の愛弟子であり、師徂徠と親密な交流があったことは、周知のところである。しかし、同四年には、東陽、東郊、鄜山、鶴汀、岐陽、覇山の六人が死去し、東溟も江戸に移り、鶴台を除くと、国元には、明倫館の現学頭鹿門と前学頭華陽の二人が残っているのみで、同館の教育も沈滞するようになっていた

（「明倫館御書付類控」）。藩主重就に明倫館を改革する意図があったのは、細井平洲が同九年四月に米沢から鶴台へ送った書簡で、

細井平洲の鶴台宛書簡

東都未曾有之大災、大藩も御類焼付而ハ、年来之御志立之御学政も当分ハ難被成候半と、是のミ残念、御心中之所遠察仕候、（安藤紀一「滝鶴台年譜」）

と述べていることからも裏付けることができる。平洲は、米沢藩主上杉治憲（鷹山）に大きな影響を与えた人物として知られているが、鶴台とも親交があったのである。また、鶴台の死後、上杉治憲が鶴台文集（「鶴台先生遺稿」）に寄せた序文で、重就の意向によって、明倫館の改革を行なうため、鶴台が明倫館の学頭に就任する予定であったのに、それが果たせなかったことを惜しんでいる。

鶴台は、蘐園学派の平野金華、服部南郭、秋山玉山、太宰春台らと交流し、その他に細井平洲、山脇東洋、吉益東洞、香川修庵らとも親交を結んでいた。このような多彩な活動によって、彼は、春台からも「西海第一の才子」と称されるようになっていたのである（笠井助治『近世藩校に於ける学統学派の研究』下巻）。

鶴台は、「学校興立仕法書」を著わし、明倫館の改革に意欲を示していたが、明和七年九月に帰国中の重就に拝謁して退出しようとしたときに倒れた。「中風」であったと

言われている。その後、彼は、療養に勤めていたが、安永二年（一七七三）一月に死去した。米沢藩主治憲は、鶴台の死を悼み、家臣の平田隼人（寛範）に命じて、同年三月に嫡子滝鴻之丞に弔意を伝えさせている（前掲年譜）。

鶴台の明倫館改革案は、彼の死と江戸藩邸の類焼によって挫折したが、後年、嘉永二年（一八四九）一月に明倫館が拡充・移転した際に、新明倫館に引き継がれて実現した。ただし、「学校興立仕法書」の詳細については、煩雑になるので、別稿に譲ることとする（拙稿「宝暦・天明期長州藩文教政策と越氏塾」『山口大学教育学部研究論叢』四二巻、『転換期長州藩の研究』所収）。

御手置銀六〇貫目の下賜

藩主重就は、明和九年八月に明倫館を訪れ、御手置銀（御納戸銀）六〇貫目を下賜し、同館の「諸生」（学生）を増員して人材を確保しようとした。それは、

明倫館江御納戸銀六拾貫被相備候御趣旨は、近年文学相衰候様ニ聞召上候、第一人材出来御用ニ相立候儀は御政事之基ニ候処、只今之通ニ而は思召ニ不叶ニ付、

（「明倫館御書付類控」）

と、彼が認識していたからである。江戸藩邸の再建が焦眉の急であるなかで、彼は、明倫館の刷新を重視し、財政に負担をかけずに、御手置銀から銀六〇貫目を支出すること

明倫館の刷新

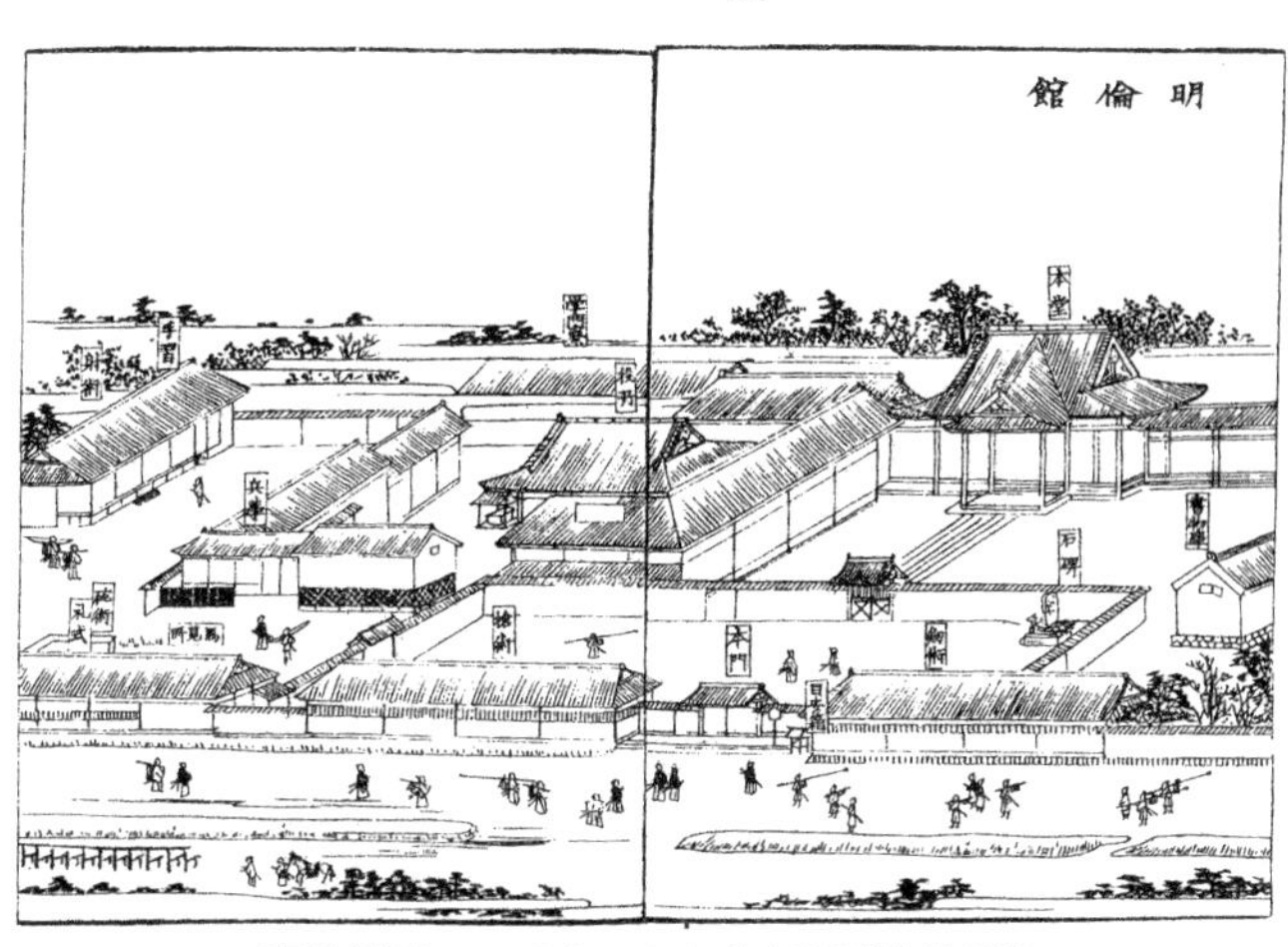

明倫館図（八江萩名所図画・萩市郷土博物館所蔵）

としたのである。当時、萩藩では、米一石を銀五〇目で換算していたので、銀六〇貫目は、米一二〇〇石に相当する。これを受けて、御手廻頭益田隼人（ますだはやと）（就雄）は、同年十二月に同館の「諸生」に対して、修学に励むように命じた。

安永四年一月、重就は、儒者と儒者嫡子におのおの文一首と詩三首を年間六度、「諸生」と越氏塾（えつしじゆく）会頭におのおの文一首と詩三首を年間一〇度ほど御手廻組頭に提出させることとした。他方、彼は、「諸生」と越氏塾聴衆に対して、修学を奨励するため、出席の向上を要求し、儒者と越氏塾会頭に命じて、皆勤者と出席率八〇％以上の者の名前を御手廻組頭に届けさせた。これらは、さらに、御手廻頭から遠近方に報告されるようになっていた(『毛利十一代史』七冊)。こうして重就は、御手置銀六〇貫目を下賜する一方で、儒者をはじめ、儒者嫡子、「諸生」、越氏塾聴衆に至るまで厳しい修学を求めたのである。

同八年三月、重就は、近年は明倫館の教育が衰退し、

為士者之本意を取失ひ、御奉公筋辨へ候者寡く、次第に御政道も難被行、日に増追従軽薄之勤方に相成候へは、終に御世帯御立直し之期も不相見事に候、

(同上、八冊)

と、危機的な状態が生じていることを指摘し、家臣に奮起を促した。そして、彼は、明倫館に一六か条から成る長文の「覚」を発給し、同館の刷新を指示した。

文武の奨励と人材の登用

その内容は、文武の奨励と人材の登用に集約できる。具体的には、儒家、礼式家(れいしきけ)、弓術師、槍術師、剣術師、軍家(兵学家)、馬術師、算術師、医者および数学家の諸師家に各三人ずつ優秀な弟子を毎年一月中に推薦させ、彼らを試験する。そのうち、合格者を八月に御手廻頭に報告し、御手廻頭がまとめて帳面を作り、その写しを江戸・当役座と遠近方に提出すると言うものであった。遠近方が人事を取り扱っていたことは、すでに述べた通りである。

こうして、藩主重就は、明倫館を刷新し、

役人御撰有之時は、先此帳面を以人柄御詮議被仰付、其方能を考第一に御役に被召使候、（同上、八冊）

と、合格者のなかから人材を登用することとした。しかし、ここまで滝鶴台の死から六年余が経っていた。

二 越氏塾の整備・拡充

河野養哲

越氏塾（えつしじゅく）は、三田尻御船手組の中船頭（なかせんどう）の三男河野養哲（ようてつ）（通文（みちふみ））が医を業としながら自宅で御船手組の子弟を教育した私塾である。河野の本姓が越智氏であったので、後に、養哲の私塾を越氏塾と称することとなった。

萩藩は、明倫館の開設にあたって、享保四年（一七一九）の春に養哲の家宅を免租地とし、同九年五月に養哲の功績を賞して料理を下賜した。それは、明倫館の教育が始まる際に、彼の私塾から御船手組の子弟山根七郎左衛門（やまねしちろうざえもん）（之清（ゆききよ）、華陽（かよう））と小田村伊介（おたむらいすけ）（公望（きみもち）、鄜山（ふざん））の二人が「入込諸生」になり、頭角を現していたことも与っていた。なお、後に明倫館の学頭となる小倉鹿門も、少年期に養哲の私塾で学んでいたのである。同十二年九月に養哲が死去した後に、私塾は、稽古場として承認され、三田尻都合人の所管に移された（旧版『防府市史』下巻。『防府市史』通史Ⅱ・近世編。『山口県の教育史』）。

その後、三田尻稽古場は、萩藩の財政難のため、「撤屋廃塾」のような状態に陥っていたが、寛保元年（一七四一）の夏に再興された。この頃、右田毛利氏の学館・時観園の督学（学頭）になっていた滝鶴台も、三田尻都合人中川与右衛門（清一）の要請によって、たびたび稽古場で儒学を教えている。ちなみに、当時の右田毛利氏の当主は、毛利広定であり、彼の推薦によって、宝暦十一年十一月に鶴台が萩藩の儒者になるのである。

三田尻稽古場と越氏塾

重就は、三田尻御船手組の子弟のために、明和四年に三田尻稽古場の充実をはかり、稽古場に会頭役を新設して飯田市之進（子勉、楽軒）と足立善右衛門（名不詳）を任命し、明倫館の儒者を一人ずつ輪番で派遣することとした。そして、彼は、儒者・会頭の役料や稽古場の諸経費を三田尻宰判の修補銀から支出することも認めた。これによって、三田尻稽古場は、三田尻都合人の所管が明確になり、三田尻御船手組の子弟の教育機関として位置づけられたのである。なお、この年から三田尻稽古場が越氏塾と公称されるようになったと思われる（前掲拙稿「宝暦・天明期長州藩文教政策と越氏塾」）。

撫育方資銀の貸与

同五年に越氏塾における「講釈面着」(出席簿)が、三田尻都合人から御奥番頭に提出されるようになった。翌六年には、撫育方の資銀一五貫目が無利息で貸し下げられ、同塾の修補銀に加えられた(「越氏塾由来幷修補米銀凡之附立」)。このような越氏塾の地盤固めの後、安永三年に明倫館からの儒者派遣を止め、会頭の飯田楽軒を儒者に昇任させた。越氏塾の会頭は、明倫館の都講に相当するもので、儒者の格より低い地位である。都講は、「諸生」の指導者であったが、身分はあくまでも「諸生」に止まっていた。したがって、越氏塾は財政基盤が強化され、儒者の下に会頭を置く体制も整えられたと言えよう。

越氏塾の拡充

安永四年一月に重就が儒者・儒者嫡子・「諸生」・越氏塾会頭に文と詩を提出させ、儒者と越氏塾会頭に出席状況を届けさせたことは、すでに述べた通りである。これを受けて、三田尻都合人重見太郎左衛門(盛房)は、同月二十一日に越氏塾の稽古初めが行なわれたことを御奥番頭に報告している。翌二月二十五日に重見盛房と交替した上山三郎左衛門(泰照)も、毎月報告を重ね、十二月十六日には、暮れの休暇入を報告し、「講釈面着」を届けている(「当職所日記」)。これによって、越氏塾が公的な教育機関としての性格を強めていたことがうかがえるであろう。

安永五年十二月七日、重就は三田尻御茶屋の解体工事を開始させた(第九—二)。これは、後述のように、三田尻御殿の建設を意味していたが、これを契機に越氏塾も、三田尻の上ノ町に移転した。新越氏塾は、「田数壱反」の敷地に建てられ、剣術場・手習場・長屋なども付設されていた。『防長風土注進案』(三田尻宰判上)は、天保末期における越氏塾の様子を詳細に伝えているが、これによると、越氏塾は、堂々たる構えである。なお、新越氏塾の稽古開始は、安永八年四月一日であった(「当職所日記」同年四月五日条)。先述のように、この年の三月二十八日には、重就が明倫館の刷新を指示していた。新しい越氏塾の稽古開始が、これと呼応したものであったことは明らかである。

書籍の充実

こうして、越氏塾は、移転・拡充したが、書籍の充実もはかられていた。藩主重就は、江戸から帰国するたびに、納戸銀で書籍を購入し、明倫館と越氏塾に下賜していた。同塾の書籍については、

一 御書物之事

但、近年より御都合人追々仕置、三田尻御内用方よりも被下、塾修甫銀ニ而御買入、国司与三兵衛殿萩三田尻諸士中之内より献納、地方勘場よりも献納、且又近来御下向之度ニ御小納戸より被遣候分も御座候事、

(前掲「附立」)

と記されており、藩主重就の他にも、多様な支援があったことがわかる。

安永八年には、撫育方資銀一五貫目の返済免除と運営資銀三七〇目の補助が行なわれ、翌九年には、赤間関の豪商内海七郎右衛門から馳走米四〇〇石が同塾の修補米として提供された。翌天明元年には、三田尻の商人土肥彦四郎からの借上米一〇〇石が加えられ、延米からも毎年二三石が同塾の修補米として支給されることとなった（「学校一事」）。借上米一〇〇石は、彦四郎から年利五％で借り上げ、それを九％で運用し、差額を同塾の運営資銀に充てるものであった。しかし、実際には、文化七年に至っても返済されておらず、借上米と利米の合計が一七一石八斗余になっているので、事実上の馳走米であったと思われる。こうして、越氏塾は、資銀面も強化されたのである。

重就が整備・拡充した越氏塾は、維新期に三田尻学習堂、三田尻講習堂と改称し、山口明倫館（山口講堂、山口講習堂）とともに、教学と軍事教練の教育機関として重要な役割を果たし、萩藩の軍事的拠点となるのである。

三　大記録方と密用方の設置

大記録方の設置

宝暦十三年二月（一七六三）、在国中の重就は、大記録方を設置し、江戸方御用所記録方の柿並市右衛門（潜之）を当てることとした。柿並潜之は、元文三年（一七三八）九月から御右筆を勤め、宝暦十二年五月に御手廻組に属し、江戸方御用所記録方に転じたばかりで、適任と目されたのである。彼が殿中の記録所で加判役益田広堯から大記録方に任命されたのは、同月十日のことである。以前、藩主毛利吉元によって、正徳五年（一七一五）三月に大記録方が設置され、享保九年（一七二四）一月に廃止されているが、今度の大記録方は、「江戸御国大記録方」とも言われており、別の役方である。

設置の目的

重就は、大記録方の設置にあたって、直筆の趣意書を当役梨羽広云に与え、「当家は古くからの由来が多くあるにもかかわらず、近年、萩藩から他国（幕府・他藩）へ取り遣わす文書の文言にばらつきが生じている。近頃、気になることがあったので、後年のため、新しい役所を設けて文言を統一させることとする」と目的を明確に示した（「御密用方江御直筆之御書下」、「当省定規」「秘府定規」所収）。

そして、彼は、先祖代々の御判物・御黒印、国元と江戸の国政に関する全書類、御宝蔵にある什書と秘書、江戸方諸役座の記録、御用物記録所の秘書、国元諸役座の記録など、大記録方の要請があればすべて閲覧を許可し、以後、幕府や他藩への文書は勿論、藩内の書付類や沙汰書に至るまで、大記録方が草案に目を通して「文言」を統一するように命じた。このため、大記録方は、当役座に属し、当役の側で日々の仕事と取り組むこととなった。

大記録方の諸役

宝暦十三年四月、大記録方は、柿並潜之の下に、筆者役笠井孫右衛門（貞幹）、書調物助筆役伊藤平八（俊郷）・佐方七郎右衛門（名不詳）が加わり、執務体制が整った。重就は、参勤のため、同年六月三日に萩を発って江戸に向かった。大記録方の柿並潜之も、当役広云に随従し、江戸藩邸で江戸方諸役座の記録を袋詰めにして国元に送る準備をしていたが、八月八日に死去した。

重就は、ただちに宇多藤右衛門（長東）と長崎新左衛門（高茂）を大記録方暫役に任じて業務を続行させ、次いで、同年十二月二十六日に仲子文右衛門（由基）を「古御記録御用」から御側役付次座（小姓役）に転任させ、「御内用」（重就の特命任務）を命じた。その「御内用」は、大記録方の業務であったと思われる。彼が正式に大記録方に就任したのは、翌明和元年（一七六四）六月九日のことである。この間、宇多長束と長崎高茂は、同年三月二十四日に大記録方暫役を解かれていたが、七月三日に江戸方記録調役に任命された。同年六月十二日に伊藤俊郷が大記録方の御用物書調役、七月三日に俊郷の子倉増平蔵が仲子由基の御用物書調役になった。さらに、七月二十九日に中山吉左衛門（政富）の嫡子又八郎（恒之）が、嫡子雇で御手廻組に加えられて右筆役となり、大記録方と高洲就忠の両方の御用物書調役を兼帯した。

中山又八郎（恒之）は、譜録の業務を行うとともに、毛利元就年譜、毛利輝元年譜、毛利秀就年譜、長府・徳山・清末・岩国系図、一門衆系図、御牌名牒改正、古分限帳、無給帳、芸陽旧時記などの校合と編集にも従事し、翌二年三月一日に大記録方御用物書調役の任務を終えた（「御密用所御右筆中山又八郎日乗」）。伊藤俊郷は、竪ケ浜記録の編集に従事し、中山恒之と同じ日に任務を終了した。ちなみに、毛利元就年譜は、滝鶴台が作成したものである。

御密用所

しかし、中山恒之と伊藤俊郷は、同月二十一日に「御密用」を命じられて、おのおの業務に就くこととなった。その重就の意向を受けた「御密用」の内容は、恒之が譜録受納の立会と閥閲録記事の抜粋、俊郷が平生竪ケ浜論地裁許記録の作成であった。両人は、蔵元役所に出勤して「御密用」に従事していたが、手狭を理由に、同年九月十三日に片河町の松坂屋七之進の屋敷に移るように命じられた。この松坂屋の屋敷は、小村帳役所として使用されていたが、検地の業務が終了し、彼らの執務所になったのである（「御密用所伊藤平八日記」）。彼らが「御密用」に従事した執務所を「御密用所」と言い、後の「御密用方」の役所とは別のものである。この間、明和二年六月二十五日に大記録方の仲子由基が江戸で死去したため、以後、大記録方が空席となった。

大記録方役所

恒之・俊郷両人は、重要な閥閲録や竪ケ浜関係資料などを城外の松坂屋の屋敷に持ち出すことの危険性や不便さを蔵元両人役に申し出ていたが、明和三年七月一日に至って、現在、空き部屋になっている大記録方役所のあとに移ることとなった。大記録方役所は、御書院次番の部屋を半分に仕切って置かれていたので、「御密用所」も殿中に戻ったのである。

俊郷は、六月中に業務が終了したので、大記録方から借り出していた資料を返済するため、七月三日、上御用所右筆の岩政（いわまさ）六郎右衛門（貞恒（さだつね））に尋ねたところ、中山恒之（なかやまつねゆき）に返却するよう指示があった（同上）。このことから、事実上、右筆の恒之が大記録方の任務を担当していたと思われる。俊郷は、七月十三日に平生竪ケ浜論地一件の関係書類に絵図を添えて、上御用所右筆（江戸御用所右筆）の岩政貞恒に提出し、裏判役・記録所役の高洲就忠にも報告した。こうして、彼は、九月六日に退任したのである。なお、彼が作成した竪ケ浜の関係書類は、現在、毛利家文庫に「平生竪ケ浜論地一件」として伝来している。一方、恒之の業務は、依然として継続していた。

大記録方と密用方

大記録方の発足後の動向について、煩雑を厭わず、詳細に述べたのは、従来、大記録方と密用方との関係が不明確で、混乱が生じているからである。密用方が重要な役割を果たしたにもかかわらず、その設置の時期でさえも、三つの考えが示されている。一つは、「享保の頃」と解説し（『山口県文書館史料目録　一［毛利家文庫目録　第一分冊］』の「緒言」）、いま一つは、「宝暦十三年二月」と記し（『もりのしげり』）、残る一つは、「明和二年三月二十一日」と断定している（広田暢久「長州藩歴史編纂事業史（其の五）」『山口県文書館研究紀要』一三号）。

享保説は、重就が設置した大記録方（「江戸御国大記録方」）と享保九年（一七二四）一月に廃止された大記録方を同じものと見ており、単純な誤認である。宝暦説は、大記録方と密用方を同じ役方と考え、大記録方の設置をもって密用方の発足としている。明和説は、「御密用所御右筆中山又八郎日乗」と「御密用所伊藤平八日記」を基に断定しているが、

密用方の設置

前述のように、中山恒之は、明和元年七月に嫡子雇で御手廻組に加えられて右筆となり、大記録方と高洲就忠の両方の御用物書調役を兼帯し、その後、重就の「御密用」に従事していた。恒之が記録所で加判役益田越中（就祥）から密用方に任命されたのは、安永三年（一七七四）十月二十七日のことで、「安永三甲午十月二十八日始而御密用方を被置候事」（前掲「当省定規」）と、翌二十八日に密用方が設置されたのである。明和説は、「御密用方」と「御密用所」を同義的にとらえ、密用所での仕事を密用方の任務の一部と見ているが、先に指摘したように、密用所は、重就の特命を受けて、その仕事に従事する場所であり、密用方の役所ではない。

安永三年十月二十八日、大記録方は、発展解消して密用方となった。この密用方は、「密局」とも称されたが、以後、幕末に至るまで、行相府（江戸方）と国相府（国元方）の諸役所の行政文書を整理・保管するとともに、諸記録を編集した。その実態は、「秘府明細目次」によって、詳細に知ることができる。今日、密用方が管理していた膨大な文書群は、「毛利家文庫」に引き継がれている。このように、藩主重就は、単に「文言」を統一するだけでなく、行政文書の整理・保管と諸記録の編集を行なうと言う壮大な構想を持っていたのである。

四 「明和譜録」と「四冊御書附」の編集

「明和譜録」は、新譜録とも言われている。明和元年（一七六四）十二月、重就は、

> 御家来中譜録、前方坂次郎右衛門江被仰付取揃相成候処、其節不差出、又ハ漏候分も間々有之由ニ候、

として、未提出の譜録を翌二年一月中に差し出すように命じ、その業務を大記録方仲子由基に行なわせることとした。坂次郎右衛門（時連）が担当した譜録（古譜録）は、一応、延享二年（一七四五）に終っていたが、未提出のものが多く残っていたのである。重就は、提出期限を一か月ほど延ばし、二月末としたが、前回から一九年を経ているので、記事の追加を希望する者が続出し、旅役中（江戸在勤など）の者も猶予を願い出たため、さらに、六月末に延期した。しかし、その後、譜録の提出が遅れ、期限もたびたび変更されるのである（「明和譜録一件」、以下同じ）。

前回の譜録作成の際には、譜録方の役所が設けられており、譜録方坂時連を山県周南・安部吉左衛門（和貞）が補佐し、その下に周南門下の小倉鹿門・山根華陽・小田村

新譜録の業務体制

鄜山が加わり、助筆の三人が実務を担当していた。山県周南以下の五人は、以前にも御系譜の精選、御什書の点検・整理および閥閲録の編集に携わっていたのである。

一方、遠近支配所譜録方が二人、蔵元証人譜録方が二人、供陸士両組譜録方が一人も置かれていた。しかし、今回は譜録方を設けず、御宝蔵で直接に譜録を受け入れること

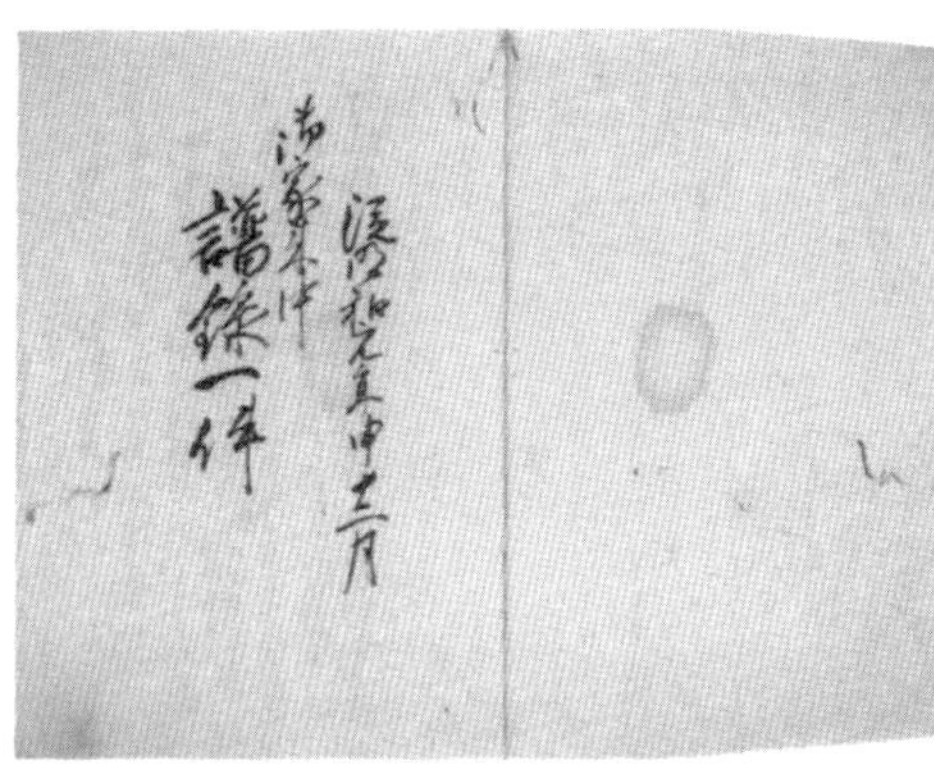

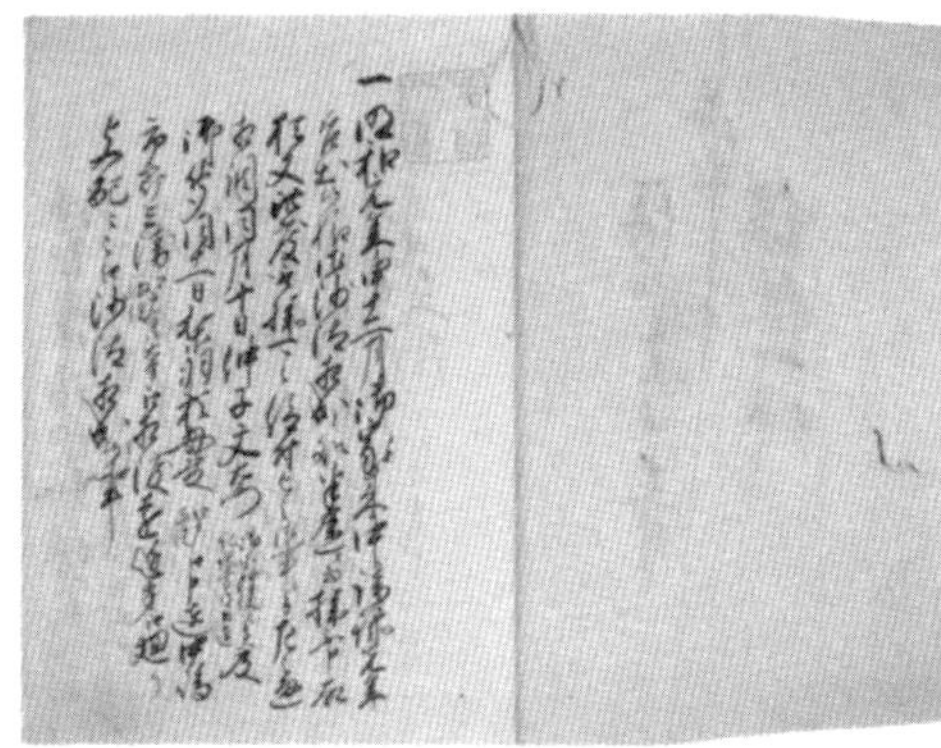

明和譜録一件（毛利家文庫・山口県文書館所蔵）

となった。このため、大記録方の下に、御宝蔵役が二人、御宝蔵の受取役が一人、遠近方筆者役が一人、遠近支配所譜録方が一人、蔵元証人譜録方が二人、供陸士両組譜録方が一人と言う体制で業務が行なわれたのである。遠近方筆者役が加わっているのは、本来、遠近方が当職の命令を家臣に伝達する役方であったことにもよるが、当役に属す大記録方が江戸に移動するので、遠近方に連絡事務を依頼せざるを得ない面も考慮されたものと思われる。

この年（明和二年）の三月に大記録方仲子由基が当役梨羽広云に随従して江戸に向かったので、中山恒之は、御宝蔵頭人と一緒に譜録の受納に立ち会うこととなった。それは、記録方が差し出した譜録の書き方に問題があり、点検する必要が生じたからである。実際に、恒之は、同年七月二日に譜録の受納に立ち会って、書き方に問題のあった分は指導するなど、処理をしている。このように、恒之は、蔵元に出勤して「御密用之筋」の業務と取り組むとともに、一方で譜録にも関わったのである。なお、同年九月から勤務場所が片河町の松坂屋の屋敷に移ったことは、すでに述べた通りである。

譜録提出の遅延

翌三年六月九日、重就は、参勤を終えて帰城したが、「譜録之儀、今以不差出面々数多有之候」と言う状態であった。このため、遠近方は、遅延を憂慮し、家臣に提出期限を九月末にする旨を伝えた。しかし、九月十日に至っても、無給通以下証人の渡辺七右衛門（保政）が、今回は御利徳雇、御細工人、士雇などまでも譜録を提出するので、延期して欲しいと言う始末であった。これは一例にすぎない。

同年十月二十四日、当職裏判役・記録所役高洲就忠（たかすなりただ）は、重就の意を受けて、大組頭をはじめとする各階級の責任者に対し、支配中の未提出者名を報告すること、最終期限を明年一月末とすること、旅役中の場合でも、当人に代わって親類が作成して三月末までに提出すること、当主が幼少の場合は、父親の代までの事績を親類が作成して一月末までに提出することなど、四項目を令達し、万一、それでも譜録を提出しない者には、「自今以後、当代之勤功等は勿論、先祖之勤功其外子々孫々迄も、家筋之儀、上江一切申上間敷候」と伝えた。この強硬な処置によって、同四年一月末に譜録が出揃い、旅役中の一部を残して、三月五日に譜録の業務が終了したのである。

譜録業務の終了

この譜録の前駆をなした享保期の「閥閲録」については、長府毛利氏から宗家の家督を継いで第五代萩藩主になった毛利吉元が、「閥閲録」の編集によって、家臣に主従関係を再確認させ、藩主吉元に対する忠誠心を喚起したことを指摘し、明倫館の創設と一体的なものと評価したが（拙著『山口県の教育史』）、「明和譜録」に対する重就の意図も同様であったと言えよう。

宝暦十三年四月に「厚薄広狭抨」検地（「小村帳改」）が終了した後に、新録高による「分限帳」（宝暦分限帳）が作成されていた。「明和譜録」も、これに呼応したものである。重就は、前藩主毛利宗広（吉元の嫡子）が手掛けた譜録の事業が中途半端で終っていたため、その完成を目指したが、他方、「明和譜録」と「分限帳」で藩政改革の成果を確定しようとしていた。この「明和譜録」によって、彼は、当主と先祖の勤功を把握し、藩主に対する忠誠を家臣に再確認させたのである。

地方支配の法令を精選

重就は、当職毛利伊勢（就楨）に地方支配に関する法令の精選を命じた。当職手元役能美吉右衛門（以成）は、当時の地方支配の状態について、

先年より追々諸郡え被差出候御書付御沙汰物数百通にて令混雑、代官いか程心懸候ても見尽しかたく、縦悉見候ても時々の御沙汰趣意替り候儀段々有之ニ付いつれも決定難仕、誠暗夜を行如くニ候、（前掲『蔵櫝録』）

と述べ、代官の任務に支障が生じていることを指摘し、法令の整備が急務である、と当職毛利就楨に上申した。重就は、当職毛利就楨から当職手元役能美以成の献言を聞き、承認したのである。

重就は、蔵元両人役の境忠左衛門（直堅）に「御書付精選頭取」を兼任させ、郡奉行粟屋勝之と相談しながら業務を行なうように命じた。境直堅は、大島代官、奥山代代官（二度）、船木代官および遠近方を勤め、「代官中功者」と高い評価を受け、蔵元両人役に就任していた。この役所は、萩城下の港町の浜崎御船倉（水軍役所）に置かれたが、そこで、彼は、郡奉行粟屋勝之の協力を得て、藩初からの地方支配に関する法令（「御書付」）をすべて集め、「地方功者の役人」とともに検討を加え、編集を行なった（同上）。能美以成が当職手元役に就任したのは、明和七年閏六月十四日であるので（「役人帳」）、同役所の発足も七月以降のことと思われる。

同八年三月九日、郡奉行勝之は、吉田代官小倉藤兵衛（勝明）に対して、「全部四冊ニして御宰判別被相渡置候条、得と御熟覧候て」（「御書付其外後規要集」）と、意見を求めている。当然、他の代官にも、同様の意見聴取が行なわれたと見て差支えない。これによって、「四冊御書附」の編集は、二月中に終っていたことがわかる。同年八月に当職毛利就楨「四冊御書附」に奥判して各代官に交付しているので、この間に、若干の修正が加えられたと思われる。

これは、四冊にまとめられたため、「四冊御書附」と公称された。また、一般には、

四冊御書附

（寛文元年）、「検見仕法」（宝永三年）など、宝暦以前に公布された一六の法令が収録されている。

重就が公布した法令の重点的な収録

さらに、宝暦期から明和期のもとして、「覚（拝領開作御書附）」（宝暦三年）、「御家頼中拝領開作仕法書」（明和元年）、「覚（拝領開作御書附）」（同二年）、「覚（拝領開作御書附）」（同八年）、「見取検見仕法覚」（宝暦十三年）、「検見算用一紙案書」（明和八年）、「地下諸沙汰記」（同三年）、「地下諸沙汰記追加」（同八年）、「郡算用窮方書附」（同七年）、「覚（職座代々之書附寄除精選之部）」（同八年）など、合計二〇の法令が編集・収録されている。このように、「四冊御書附」には、地方支配に関する基本的な法令が網羅されているものの、とくに、重就の公布による法令が重点的に収録されていた（山口県文書館編『萩藩四冊御書附』山口県立山口図書館発行　一九六二年）。

以後、「四冊御書附」は、地方支配の規範として、郡奉行以下の諸役に尊重され、受け継がれていったのである。

第七　建築と風流

一　天守の修築

重就は、天樹院（萩市）の小仏殿・寺堂や城内の稲荷社を建立し、周防国国分寺（防府市）の仁王門・金堂や松崎天満宮（同上）の諸堂を再建するなど、寺社の建築にも意を致していた。しかし、これらをそれぞれに取り上げると煩雑になるので、ここでは、天守と三田尻御殿を例として述べることとする。

明和期の天守

明和期の天守修築については、明和七年（一七七〇）八月に前明倫館学頭の山根華陽が文を草し、同館筆道師の草場周蔵（安世）が書いた「五層城楼再脩記」（「記文棟札等」）が残されている。これは、天守修築の棟札であるが、明治三年（一八七〇）十一月に萩城の廃城が決定し、同七年五月から城が解体されて行く過程で発見されたもので、同十年三月に萩の春日社に奉納されたと言われている（『毛利十一代史』七冊。『萩市史』二巻）。

これによると、在国中の重就は、明和五年九月に当職毛利織部（広円）と当役梨羽広云に天守の修築を命じ、山田吉右衛門（恒嘉）を作事奉行に任じた。当時、天守は、創建以来、約一六〇年間も抜本的な修築が行なわれなかったので、棟が撓み、柱が傾き、倒壊の寸前で、危険な状態になっていた。二〇年前にも天守の修築計画が立てられたが、財政難のため、結局、実現しなかった。今回は、重就が天守修築の意向を明確に示しており、実行に移されたのである。

天守の修築は、幕府の許可を得て、翌六年二月六日に工事が始まり、同年十月二十八日に完了した。この天守には、屋根に赤瓦が葺かれ、壁に白い漆喰が塗られ、棟椽・窓・戸などに雨避けのために銅が用いられていた。これらの工事は、幕府には修築と言われているものの、「素返」とあるように、実際には、再建に等しいものであった。もっとも、屋根の赤瓦については、油を用いるので赤い色をしており、耐用年数が長いと記されているが、地元で油瓦を焼いたため、品質が悪く、間もなく雨漏りがするようになり、再度、二四年後の寛政五年（一七九三）に修築をする原因になった。なお、寛政五年の修築では、大坂・堺から瓦が移入されている（柏木朝子「萩城及び城下町における瓦の諸相（1）―堺瓦について―」『萩市郷土博物館研究報告』一一号　萩市郷土博物館　二〇〇一年）。

撫育方資銀の拠出

当然、修築の準備は、以前から進められており、明和二年に重就が撫育方から銀一四貫目を拠出させ（「御撫育方一件伺物並見合ニ可相成御用状」）、萩周辺に山林を持つ家臣から用材の木材・竹を提供させていた。この木材・竹の提供については、寛政五年に萩藩が天守の修築を行なった際に、「明和五子年御取繕之節も、萩廻りニ而、御家来中所持之山其外より御馳走竹木被及御内聞被召上候ニ付」（「諸事小々控」）と、明和五年の先例によって、用材の木材・竹を家臣からの馳走で賄ったと記されているので、その事実を知ることができる。こうして、撫育方からの拠出銀一四貫目を呼び水として、用材の確保などの準備が進められていたのである。

五層の天守は、本丸の西南の隅に位置し、萩藩の大切な行事が行なわれる大書院の近くにあった（「萩城御座敷廻り絵図」）。本来、天守は、城郭の中核で、権力の象徴でもあったので、天守の荒廃を家臣も心痛していた。重就は、家臣の心情を考慮し、忠誠心を高めるため、天守の再建を決意した。その際、彼は、藩府の経常収入からの支出を避け、撫育方が運営する資銀を投入するとともに、家臣からも用材の提供を求め、修築を行なったのである。これも撫育方設置の効用であったと言えよう。

二　三田尻御殿の建設

安永二年（一七七三）十二月、重就は、四九歳で大膳大夫から左近衛権少将に進んだ。しかし、この頃から、彼は、隠退を考えるようになり、三田尻御茶屋の大改修の準備を始めた。これらは大改修と言う名目であったが、実際には、新館の建築であった。後に、この新館は、三田尻御殿と称されるのである。御茶屋は、藩主が参勤や国内巡察の際に宿泊・休息する公館であるが、とくに、三田尻と上関では、幕府役人や九州諸大名との応接にも供されている。

三田尻御茶屋

翌三年に三田尻御茶屋の東脇にあった地方勘場が高井村に移され、勘場の敷地が御茶屋の用地に組み込まれたのも、大改修の現れである。以後、隣接する御船手組の船頭・舸子の敷地や田畠が買い上げられ、「御茶屋其外御用地」が五町六反六畝余に拡張された。この用地の買収資銀は、御手置銀から支出されたと思われる（「三田尻宰判本控」）。なお、御茶屋に付設された「下之御茶屋」は、「御内用方より御貸渡之姿ニして被立下候」とあるので、三田尻都合人の役所や幕府・他藩の応接所として、常時必要であったので、岡村の院内（「明覚寺後川端」）に解体されて移された。この解体過程で資材が越氏塾に与えられたことは、すでに述べたとおりである。

解体工事の開始

同五年十一月二十三日に江戸藩邸の公儀人田坂源太左衛門（守貞）から幕府の許可が国元に届き、十二月七日から三田尻御茶屋の解体工事が始まった。高洲就忠は、同三年八月十二日に当役毛利駿河（就盈）の添役（当役添役）になり、同五年四月二十六日に児玉三郎右衛門（就之、七月二十九日に当役を辞任）とともに当役に就任していたが、十二月十八日に「三田尻御内用之都合」役を兼任し、三田尻御茶屋の「大改修」を指揮した。このため、彼は、当役であるにもかかわらず、重就の江戸参府に随従しなかったのである（「譜録・高洲衛士」）。

翌六年から工事が開始され、三田尻御茶屋の跡地には本御殿、「下之御茶屋」の跡地には出頭人・番頭・医者の役宅、御船手組の拝領屋敷を買い上げた所には花月楼御殿、買収田畠には出頭人・鷹匠（幕府の鷹匠古谷定右衛門を客分として招いた）の屋敷や道具蔵、鞠生松原には家老国司与三兵衛（就相）の屋敷、松原の南の田畠埋め立て地には、足軽・中間小屋などが次々に建てられた（「英雲公華の浦御住居内手控」『防府市史』史料II上）。

三田尻御茶屋の「大改修」は、天明三年（一七八三）三月三日に完成したと公称されてい

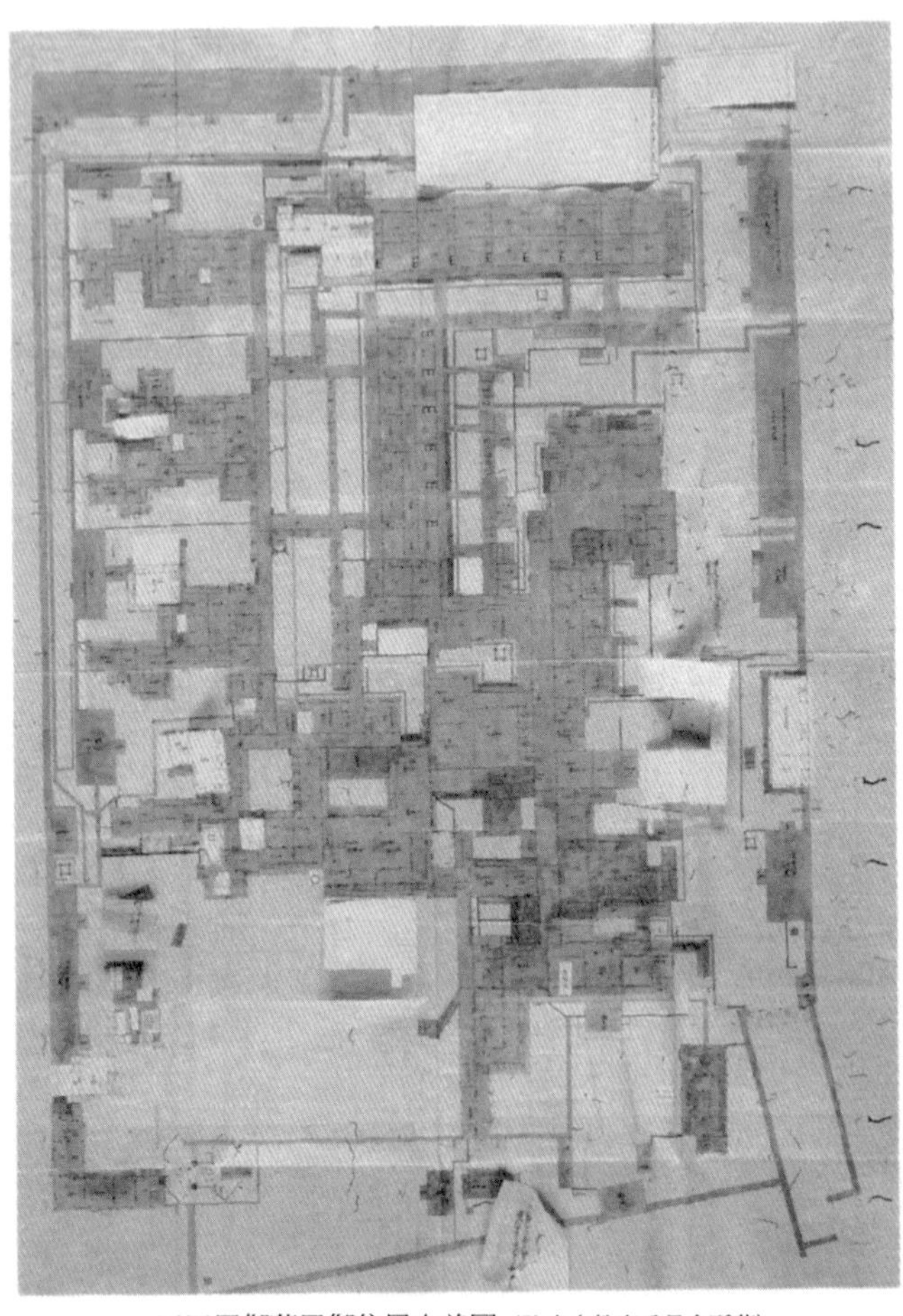

三田尻御茶屋御住居之差図（防府市教育委員会所蔵）

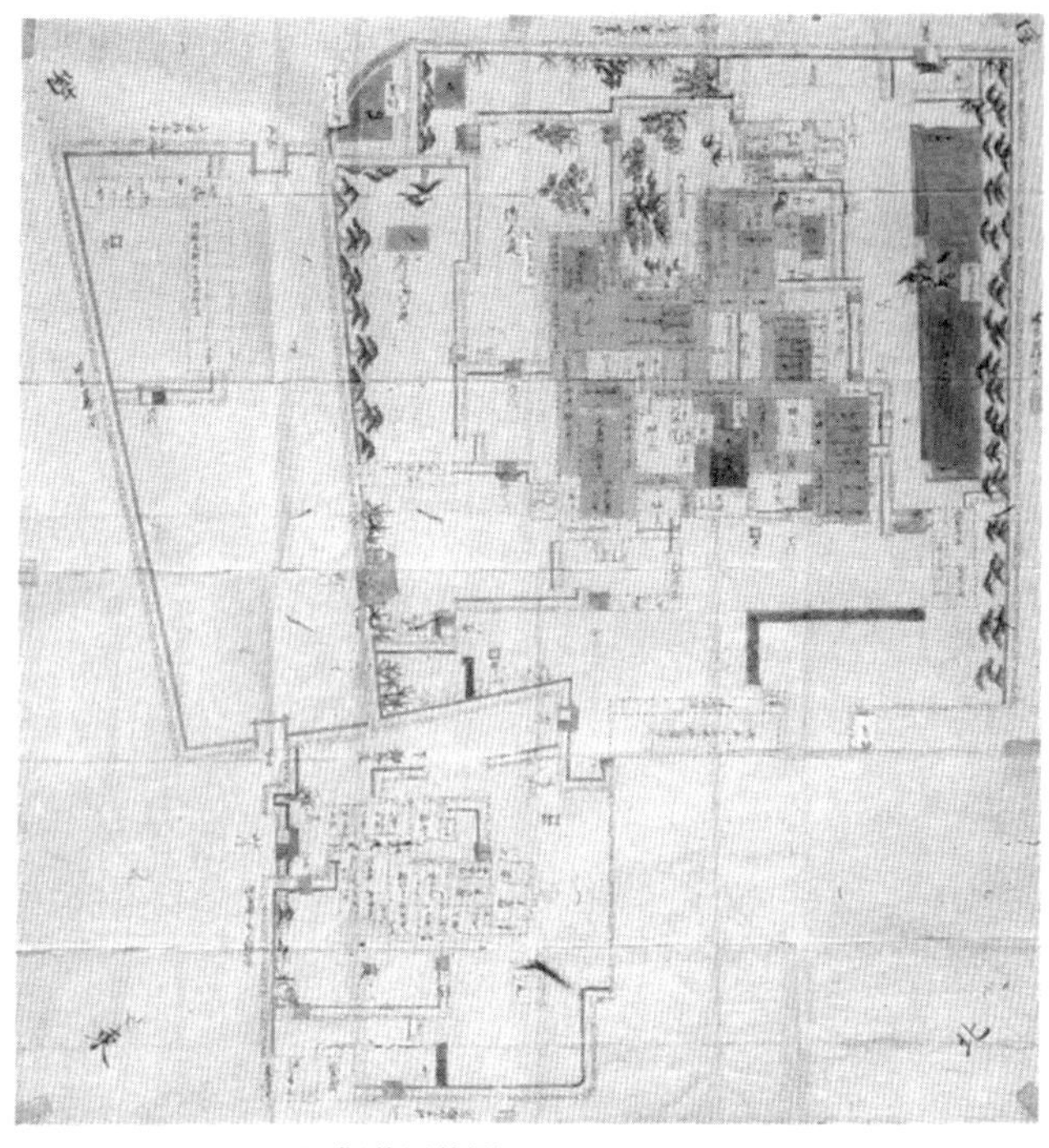

三田尻御茶屋差図（防府市教育委員会所蔵）

る。しかし、安永十年（四月二日に天明と改元）二月に三田尻御茶屋の敷地五町六反六畝のうち、二町五反一畝が不要地として返却されて、三町一反五畝が敷地として確定していること（「三田尻宰判本控」）、天明二年十月一日に長姫と側室千佐（ちさ）が三田尻御茶屋に移っていることなどから（「密局日乗」）、前年（同二年）には、三田尻御茶屋の工事がほぼ完成していたと思われる。この間、重就は、在国中に「大改修」の視察を兼ねて、たびたび防府を訪れている（「重就公三田尻御越之記」）。

三田尻御殿

新たに建設された三田尻御茶屋は重就の隠居所となり、三田尻御殿と称するようになるが、「三田尻御茶屋御住居之差図」によると、御殿に相応しい堂々たるものであった。

三　和　歌

冷泉為村に学ぶ

現在、毛利家には、「毛利重就詠草（えいそう）」二冊、「英雲公自筆詠草写（えいうんこう）」一冊などが伝来している。重就は、和歌を冷泉権大納言（れいぜんごんだいなごん）（為村（ためむら））に学び、筆跡も冷泉流を受け継いでいた（山口県教育委員会編『毛利家歴史資料目録』［解説］　山口県歴史資料調査報告書第二集Ⅰ・Ⅱ　一九八三年）。冷泉為村は、家業の和歌に秀でて名声を博し、江戸時代の歌壇に大きな足跡を残した。彼

幕臣新見正恒との交流

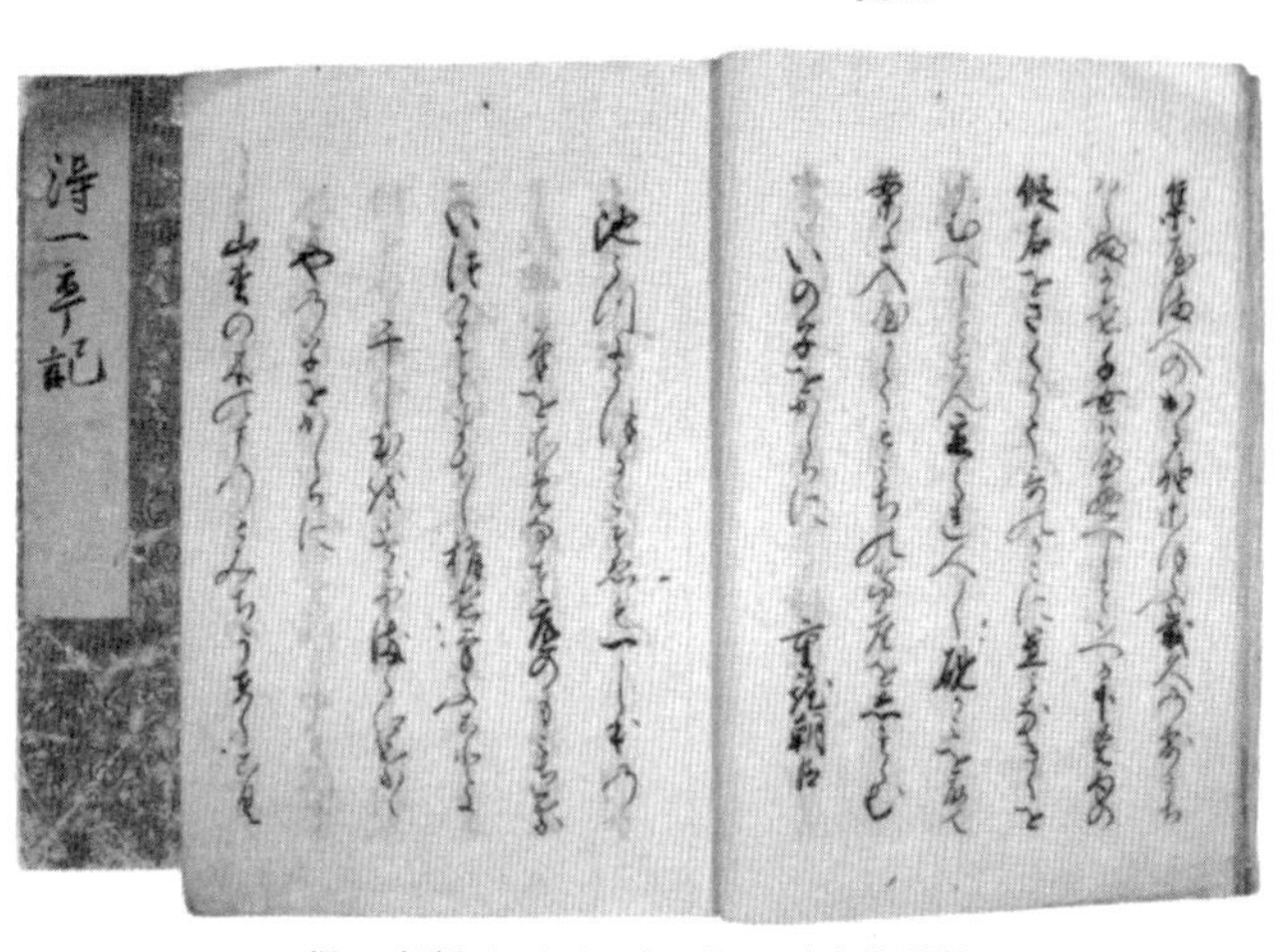

得一亭記（毛利家文庫・山口県文書館所蔵）

は、冷泉家の嫡流として、多くの門弟を擁し、同家の中興の歌人と言われている。重就は、参勤交代の際に京都に立ち寄り、宿館に冷泉為村を招待し、和歌を学び続けたのである。

　重就は、在府中に客を招待し、和歌を詠む会を催している。例えば、宝暦年間に幕臣の新見出雲守（正恒）を江戸下屋敷（麻布邸）に招き、得一亭で観楓・観菊の会を催し、相互に和歌を詠んでいる。そのとき菊壇のほとりで、重就が、

　いたつらに　移ろふ菊の　花をけふ
　　訪ひ来し人　のみそ嬉しき

と詠み、新見正恒が、

　とひきつゝ　見るそ嬉しき　菊にさへ
　　只いたつらの　心かもなし

と返歌したことを載せている（『得一亭記』）。新見正恒は、宝暦十年五月に西の丸小姓役から本丸小姓役に転じ、七月に従五位下・河内守に叙任しており、明和元年十月に出雲守として、西の丸小姓役に復帰しているので、宝暦末期のことと思われる（『徳川実紀』第十編）。

大寧寺住職との交流

また、明和七年の秋に重就が深川温泉に入湯した際に、大寧寺の住職が、

伊勢の海　千尋の底の　一つ貝
　　袖もぬらさす　とるよしもかな

と詠み、重就が、

花と咲き　紅葉と染みし　梢たに
　　散りては同し　木枯しの音

と返している（前掲『英雲公と防府』）。

冷泉為村は、同じ年（明和七年）の毛利元就の二百回忌に際して、重就の請願に応え、「元就二百回忌追慕和歌」を詠進している（前掲『毛利家歴史資料目録』〔解説〕）。これも、重就と冷泉為村の交流の一端を示すものと言えよう。

四　茶の湯

不白流

重就は、表千家流第四代天然宗左（如心斉）の高弟川上不白（弧峰）の弟子で、歴代の藩主のなかで、もっとも茶の湯に造詣が深かったと言われている。周知のように、川上不白が広めた茶道を不白流（江戸千家流）と言う。毛利家に伝来する茶道具のうちで、重就が収集したものが主要な部分を占めている。不白が作成した竹茶杓「きりぎりす」銘と竹花入五点があり、不白が花押した武野紹鷗と千道安の竹茶杓もある。

重就は、陶芸も好み、自作の茶碗や香合を残している。「毛利重就公絵付」と伝える「萩絵付茶碗」も、毛利家に現存する（前掲『毛利家歴史資料目録』［解説］）。

川上不白作「黒楽竹蓋置」
（毛利博物館所蔵）

南園御茶屋

明和二年（一七六五）の春、重就は、「近年本草物産之学心掛之者も多有之」という名目で、萩・八丁の地にあった家臣の屋敷を買収して薬園屋敷（「御薬苑」）を設けた。しかし、彼には、薬園と称しながら、当初から別邸を設ける意図があったと思われる。彼の直命を受けて、早くも、同年三月に茶堂衆の竹田休意(利謙)が薬園屋敷に移り、「御茶屋御腰懸御物見等」の作事と「御庭之方」の造成に着手しているからである(「譜録・竹田休意利謙」)。

その後、重就の「御佳興之一端に相備度旨」を願って、他の茶堂衆からも「家伝秘法之潤色を願ひ、大工小工も追々其師伝を施し候」ことが続出し、家臣や豪農・豪商からも石木や資材の献納が相次いだ。薬園屋敷の作事と造成は、安永五~六年(一七七六~七七)頃まで一五~六年間にわたって続いたのである。この間、薬園屋敷は、明和五年二月に南苑御茶屋と改称された。その費用は、撫育方の資銀一〇〇貫目が充てられている。

ところで、当時、家臣の家計が苦しくなり、所持する馬も減少したので、子弟の馬術稽古ができなくなっていた。このような事態を打開するため、重就は、弘法寺の境内に馬場を設け、貸馬による馬術稽古を行なわせるとともに、撫育方から拠出した銀一〇〇貫目を運用し、利息を馬術稽古の運営費に充てていた。この利息が十分に蓄えられて、運営に見通しが立ったので、元銀一〇〇貫目が南苑御茶屋の作事と造成に振り向けられたのである。ここでも、撫育方の資銀が大きな支えになっていた(『御国政再興記　第二』)。

当時の南苑御茶屋の様子は、寛政十年（一七九八）の「萩南苑御茶屋御住居変差図」によって、推定することができる。南苑御茶屋は、萩の八丁に位置していたので、「八丁御殿」とも言われていたが、御殿の称に相応しいものであった。ただし、本館は、三田尻御殿よりも小振りである。「萩八丁御殿並御部屋差図」によると、本館の「御広座敷」（一〇畳）の側に「茶屋之間」（六畳）が見える。そこで茶の湯が催されたのであろう。

花月楼

重就は、川上不白から献上された花月楼の差図（「図式」）を基に、三田尻御殿の一郭に花月楼を設けた。花月楼は、千宗左（如心斉）が茶事七条を列ねて七事式を行なうように工夫した座敷として知られている。また、「花月」の名称は、「茶中主客」を花と月に分けたことによると言われている。竹田休意（たけだきゅうい）の子で茶堂衆の竹田休和（たけだきゅうわ）（門弥自然斉）は、三田尻御殿の花月楼について、文化三年（一八〇六）の夏に「花月楼記」を撰しているが、

花月楼記

このなかでも同様のことを記している（香川政一『英雲公と防府』）。この「花月楼記」で、竹田休和は、花月楼が「都下諸藩列国猶多」くあるとも述べている（以下、とくに断らない限り、これによる）。そのことは、周防国の国分寺にも花月楼が存在したこと、宝暦八年（一七五八）に川上不白が江戸・神田明神境内に花月楼を設けていることなどからも裏付けることができる（財団法人東京歴史文化財団・東京都江戸東京博物館・東京新聞編『遊びと求道の心―江戸東

京の茶の湯四〇〇年―』（一九九七年）。

花月楼は、「御屋鋪建調相成り、花月楼御殿と唱へ、御数寄屋御茶湯場これあり」（「英雲公華の浦御住居内手控」）とあるので、三田尻御殿の建設と一体的に普請されたと思われる。このように、花月楼は、花月楼御殿とも言われていた。他方、「三田尻御茶屋絵図」には、花月楼、花月楼御番頭固屋、花月楼御本門および花月楼川端御門などが明確に示されている。江戸から下向した重就の六男定次郎（一九歳）は、天明四年（一七八四）五月に花月楼御殿に入り、居所としたが、三年後の同七年二月に南苑御茶屋（八丁御殿）に移った。定次郎は、毛利親著のことで、第一一代藩主毛利斉元の父である。また、幕末維新期の第一三代藩主毛利敬親は、親著の孫にあたる。

周防・国分寺住持天嶺との交流

重就は、毎月三回、四の日に昵懇の衆を花月楼に招き、茶の湯を催していた。茶堂衆の竹田休和は、重就の命によって、川上不白の弟子になり、不白流を習って帰国し、花月楼での茶席に連なった。周防国の国分寺の住持天嶺も、茶席に招かれた昵懇の衆の一人である。彼は、安永七年一月に重就が国分寺に参詣した際に、水滝銘の茶壷と利休作の茶匙を献上し、翌八年三月に重就が参勤で東上のとき、同月七日に三田尻御茶屋（「下之御茶屋」か）で重就の手製になる早苗銘の竹花瓶と白鷺銘の茶匙を拝領した。これらは、重就と住持天嶺の親交の一端を示していると言えよう。

安永九年一月、重就は、国分寺の金堂を再建した。この工事は、同四年に着手されており、三田尻御殿の建設時期とほぼ重なる。したがって、彼は、防府の地で二つの大きな建設事業を同時に進行させていたことになる。これも彼の国分寺尊崇の現れであろう（「新修周防州娑摩郡国分寺金堂上梁文」防府市教育委員会編『周防国分寺文書三―防府史料二四集―』一九七三年）。現在、平成十年（一九九八）十月から国分寺金堂の修築が進められており、金堂再建の際に、脇棟梁の藤井久右衛門が使用した大工道具箱と大工道具一式が発見されるなど、新事実が明らかにされている。

国分寺の花月楼

この国分寺にも、花月楼が設けられた。現在、平成十年十月から三田尻御茶屋の修理事業が実施されているが、その一環として、花月楼の修築も行なわれた。三田尻御茶屋（英雲荘）の花月楼は、明治二十一年（一八八八）十月に国分寺から移築されたものである。今度の解体修理の際に、天明六年（一七八六）八月九日の日付を持つ棟札が発見されて、国分寺花月楼の建立時期が確認された。従来、国分寺の花月楼は、重就の死後、三田尻御殿の花月楼が移築されたと考えられていた（『防長風土注進案』9　三田尻宰判上。「周防国分寺志稿」。『周防国分寺史―防府史料二五集―』）。しかし、棟札の発見によって、隠退して大殿となった重就が国分寺の住持天嶺に「図式」を貸与し、新たに花月楼を建立させていたことが明らかになった。なお、後述のように、三田尻御殿は、大殿重就が死去した後に解体され、従来の三田尻御茶屋に戻されている。

三田尻御殿の解体に伴って、花月楼も解かれた。その後、花月楼は、「空閑に朽廃む」状態になっていたが、藩主毛利治親から茶堂衆の竹田休和に与えられた。休和は、文化二年に至って、やっと萩・平安古の自分屋敷に花月楼を「修成」した。こうして、花月楼は、竹田家に伝わったが、明治維新後、萩・松本の品川弥二郎屋敷に移った。現在は、松陰神社に移築され、山口県の文化財に指定されている。しかし、このたび発見された棟札や明治二十一年以降に作成された「三田尻邸花月楼差図」を基に検討すると、英雲荘にある花月楼の方が創建時の姿を忠実に伝えていると思われる。

五　芝居

重就は、地域振興策の一環として、領内各地で芝居興行を許可したが、自身も芝居を見物している。長門国豊浦郡川棚村（豊浦町）には、「哥舞妓座（かぶきざ）」の若島座（わかしまざ）が本拠を置い

川棚の若島座

ていた。その活動の様子は、『若嶋座一巻』の翻刻によって、広く知られるようになった（芸能史研究会編『日本庶民文化史料集』六巻　歌舞伎、守屋毅の解題　三一書房　一九七三年）。以下、座元若島梅三郎が書き残した『若嶋座一巻』を基に、重就と若島座の関係を紹介してみよう。

若島座の御前芝居

梅三郎は、『若嶋座一巻』の冒頭で、

寛延之比、御前江も召出され度々御上らん（覧）の後、今よりは御前座ト被仰付、

と述べている。川棚村が長府領に属しているため、「御前」は、長府藩主を意味する。先述のように、寛延頃の長府藩主は、毛利匡敬で、後の萩藩主毛利重就である。梅三郎の記述は、「長州長府御前座」の木額が伝えられているので（山口県立山口博物館蔵）、誇張ではない。このように、重就は、長府藩主時代から若島座の芝居を見物し、同座を保護していたのである。ちなみに、若島座の主たる活動範囲は、九州地方や中国地方であるが、寛政八年（一七九六）四月には、大坂の道頓堀でも芝居を興行している。

若島座が「萩御前」で芝居を演じるのは、重就が隠退した後である。天明四年（一七八四）十一月、在国中の萩藩主毛利治親は、若島座を招き、大殿重就とともに、芝居を見物した。このとき、若島座が演じたのは、「近江源氏」と「清水・清原　桜姫」であった。

以後、若島座は、同六年十月に「義経千本桜」と「芦屋道満大内鏡」、同八年十一月「神れい（霊）矢口渡」を「萩御前」で演じている。これらは、一見、藩主治親の「御前」芝居のように見えるが、大殿重就の無聊（ぶりょう）を慰めるための催しである。

若島座は、寛政元年四月三日から五月三日まで山口・吉敷（よしき）の竜蔵寺で芝居興行をしているうちに、「三田尻様御前江出申候」て、「義経千本桜」を「御上覧」に供し、「御姫様」（雅姫）の前で、「関八州繋馬」を演じ、祝儀として大殿重就から銀三枚（銀一枚は四三匁）、「御姫様」から銀二枚、一門・吉敷毛利氏当主の毛利外記（就兼（なりかね））から銀二〇枚を拝領した。重就は、八男熊五郎（毛利興言（おきのぶ））・娘・側室を連れて、四月十二日に山口の湯田温泉に入湯し、五月四日に三田尻御殿に帰館しているので、この間の出来事であったと思われる（「山口御入湯控」）。その興行について、座元若島梅三郎は、「木戸通り札壱万よ（余）」と、誇らしげに記している。ちなみに、滝塔山竜蔵寺（ろうとうざんりゅうぞうじ）は、真言宗御室（おむろ）派の古刹であるが、毛利氏の尊崇を受け、吉敷毛利氏の当主毛利就兼によって、宝暦八年（一七五八）五月に護摩堂、同十三年七月に本堂が修築されていた。

その後、二代・三代・四代の若島梅三郎が若島座を引き継ぎ、芝居を興行していたが、弘化四年（一八四七）の四代梅三郎の死去によって、若島座も解散した。明治初期に復活する若島座は、梅三郎たちとは関係のない別のものである（佐藤治「川棚芝居覚帳」未刊　下関市立図書館蔵）。

芝居・相撲の見物

天明四年（一七八四）十一月十七日、大殿重就は、三田尻御殿の前で芝居を興行させ、藩主治親をはじめ、子供や側室とともに見物した。この芝居見物は、二十日、二十二日、二十四日にも行なわれている（「深川先大津大田山口小郡三田尻御越御滞留中控」）。同年の松崎天満宮の祭礼には、宮市町の前小路で芝居が興行され、竪市で大坂・早川虎市座の軽業が演じられ、今市で「曲馬名人千原六蔵」の曲馬芸が尽された。この祭礼は、「京都よりは芸子追々罷下り、遊女等も罷越」し、「宮市町の儀は至て賑々敷事」になり、諸所から多くの見物人が訪れ、「誠に都にまさりし賑ひにて御座候」ような状態であった（前掲「英雲公華の浦御住居内手控」以下、これによる）。これらは重就の三田尻在住を祝う意味があったと思われる。

宮市の勧進相撲

同六年二月には、宮市町の今市に相撲場所が設けられ、「宮市勧進相撲」が興行された。勧進元は、豊前国小倉（北九州市小倉）の八重ケ峰虎之助で、東方の大関築島勝右衛門と西方の大関浜ケ崎林太夫の下に、おのおの関脇・小結・前頭を引き連れていた。この相撲場所には、中国・四国・九州の各地から見物人が押し掛け、「賑々敷興業致し候」

こととなった。

この年の七月には、安芸国宮島（広島県宮島町）で上演した大坂芝居の座元嵐三五郎一座が三田尻町に招かれ、急に芝居固屋（小屋）が建てられた。この一座には、座元嵐三五郎をはじめ、姉川新四郎・沢村国太郎・山下八百蔵・芳沢いろは・浅尾国五郎などの錚々たる役者が揃っていたのである。同月十二日には、大殿重就付の三田尻御用所（「院内御用所」）が、次のような芝居見物に関する触書を諸役所に発給した。

大坂芝居の興行

芝居見物の触書

一　諸士中は、いずれも姓名を名乗って、東の木戸から入ること、

一　三田尻町・村の住民は、男女とも西の木戸で札を買い、東の木戸で札を渡して入り、見物席に着くこと、

一　中間以下の者は、いずれも手子の何某と答えて、東の木戸から入り、見物席に着くこと、

一　陪臣（「又家来」）の者は、西の木戸で札を買い、東の木戸から入り、見物席に着くこと、

一　陪臣の者のうち、「切落」で見物したい者は、西の木戸で中座の札を買い、そこから入ること、

一　札銭は、一人前が一〇〇文のこと、
一　中座の札銭は、一人前が四〇文のこと、
一　右のように内意を達する。もっとも、おのおのの格で席の札が定められている
　　ので、勝手に他の席に着かないこと、

大意は、右のようなものであるが、身分による座席の区分や座席値段の差があるものの、比較的自由に芝居見物を楽しむ様子がうかがえるであろう。翌十三日に芝居の初日があき、約三〇舞台が上演された芝居興行には、萩、山口、赤間関および他国からも多くの見物人が押し掛けた。

この頃は、いわゆる「天明の飢饉」の最中で、近世で最大級の飢饉が全国的に覆っていた。天明三年の浅間山の噴火と降灰による被害、冷害による凶作などが広く知られている。三田尻で芝居が興行された同六年には、凶作の飢饉と米価の高騰で、十二月に備前・備中・備後の農民が蜂起した。

防長両国でも、風水害や干害による損亡は、安永七年に一四万一三六六石余、同八年に一一万六四七二石余、同九年に一六万三一三八石余、天明三年に一三万三五七九石余、同五年に一二万五八六七石余と続いており、同六年も、一四万四一六八石余に達してい

た（『毛利十一代史』八冊）。しかし、防長両国では、米価の高騰には至らず、深刻な事態は生じていない。このような世情のなかで、手控の筆者は、

然れども三田尻の儀は時節柄宜く、芝居抔御座候て、難渋と申すものもこれ無く、下々までも、御蔭を以て渡世に暗からず、働きいたし、難有時節に御座候、

と述べている。

芝居固屋の設置

この年（天明六年）の八月、大殿重就の命によって、三田尻村新丁の正一位老松大明神の東脇に芝居固屋が設置された。重就は、萩から三田尻に移っていた「御殿御船大工」の古谷勘六（ふるたにかんろく）を大坂に派遣し、「道頓堀芝居固屋」の設計図（差図）を写させ、これを基に芝居固屋を建てさせたのである。この芝居固屋は、屋根が曽木葺きで、棟（桁）と梁が各一二間半の大振りなものであった。内部の様子を見ると、東側には、鶴亀松竹梅桜の「番組」が置かれ、三田尻御殿の人々が見物する高座と鶉（うずら）座が設けられていた。西側には、売桟敷（うりざしき）の高座と中座が置かれ、南側の木戸口には、役人や手子が見物する高座が設けられていた。芝居固屋の前通りには、二階作りの長屋が建ち、「上方より下り候芸子其外」の貸座敷となっていた。この長屋には、芸子たちの定紋入提灯が吊り下がり、前通りには、「夜中に至り候ては、星の如くに輝かし」と言う賑わいが出現していたので

ある。なお、芝居の「切符」は、三田尻御用所が発行していた。

芝居興行と地域振興

このような芝居興行は、大殿重就の享楽を満たすもののように見えるが、他方、地域振興の目的も有していた。重就は、すでに、宝暦期から三田尻の定市での「曲枕曲手鞠狂言芝居」を認め、明和期から塩業の振興策として、中関（なかのせき）・新地・鶴浜・大浜での芝居興行を許可していたのである。後者には、浅田市太郎座（所在地名不明）、大坂の泉谷嘉兵衛座、赤間関の高橋平太夫座、豊前の中村元五郎座、豊後の松坂屋金兵衛座、京都の嵐嘉吉座、大坂の姉川幸吉座、大坂の嵐音右衛門座、大坂の市川花松座、中村喜右衛門座（所在地名不明）などが連年のように訪れ、たびたび芝居を興行している（「当職所日記」）。

萩・三田尻・上関・中関・下関の芝居評判

後年、文政八年（一八二五）の『諸国芝居繁栄数望』には、東方一段目に大関・江戸堺町中村座、関脇・江戸葺屋町市村座、小結・江戸木挽町森田座に続いて前頭が並ぶが、二段目に「九州（周防）みたじり」、三段目に「防州三田尻」が見える。また、西方一段目に大関・大坂中の芝居、関脇・大坂角の芝居、小結・京都四条南側芝居に続いて、前頭の「長門萩」と「長州下の関」があり、西方二段目に大坂北新地や大坂道頓堀竹田などと並んで、「防州上の関」と「同（防州）中の関」が見える。ちなみに、宮島歌舞伎として著名な「芸州宮島市」が東方一段目の前頭、「芸州広島」が西方三段目の前頭、「筑前博多」

が西方四段目の前頭に位置付けられている（守屋毅『村芝居―近世文化史の裾野から』平凡社一九八八年）。なお、「九州（周防）みたじり」とあるのは、九州と周防国三田尻が芝居興行で一セットとして意識されていた場合の表現と思われる。四世市川団蔵や尾上新七とともに、宝暦期から名優として評判を得た嵐雛助（眠獅）が、天明七年に長崎と三田尻へ下って芝居をした際に、両所が一つとしてまとめられている（薄田太郎・薄田純一郎『宮島歌舞伎年代記』国書刊行会　一九七五年）。このような場合を示しているのであろう。

重就が地域振興策の一つとして取り上げた芝居興行は、その後も受け継がれて防長両国の地に根付いたのである。

第八　大殿重就の死と評価

一　隠退と死

将軍徳川家治(いえはる)の嗣子豊千代が家斉(いえなり)と称することとなったので、重就は、「若君様御実名御唱に相障候に付」と、天明元(一七八一)年十二月に実名を「しげなり」から「しげたか」に改めた。翌二年八月二十三日、藩主重就は、

私儀年来積気強眩暈等有之、近年積気別而相募、足痛にて歩行長座難成ニ付、出仕等度々御断申上迷惑奉存候、(『毛利十一代史』八冊)

と言う健康上の理由で、幕府の老中松平周防守(康福(やすよし))・田沼主殿頭(とのものかみ)(意次(おきつぐ))・久世(くぜ)大和守(広明(ひろあき))の三人に隠退願いを提出した。この頃、藩主重就は、癪(しゃく)(腹部などに起こる発作的な激痛)に悩まされるようになり、治療に努めたものの、健康が回復しなかったのである。

幕府は、彼の願いを認め、五日後の二十八日に世子毛利壱岐守(治元(はるもと))に毛利氏の家

督相続を許し、九月五日に大膳大夫に任じ、毛利治親と改名させた。一方、この日、隠退した毛利重就は、左近衛権少将（安永二年十二月に昇進）から式部大輔に転じた。また、江戸加判役（天明二年一月まで当役）の国司就相が大殿重就付の当役に就任した。この間、九月一日には、大殿重就付の諸役も決定している（「密局日乗」）。

翌三年三月六日、大殿重就は、江戸を発って帰国の途に着いた。彼は、四月十五日に三田尻御茶屋に到着し、二十五日に三田尻御茶屋を居所とする旨を告げ、翌二十六日に萩城に入り、家臣から無事な帰城と隠退の祝賀を受け、五月十四日に三田尻御茶屋に移った。以後、三田尻御茶屋は、三田尻御殿と称されるようになったのである。藩主治親は、「三田尻御殿下馬下乗所」を定めるなど、三田尻御殿を萩城に準じた扱いとしたが、同四年七月十日に再確認の御触書を公布し、家臣の注意を喚起した（『毛利十一代史』八冊）。

その後、大殿重就は、三田尻御殿の花月楼で昵懇の衆と茶の湯を催し、たびたび萩の南苑御茶屋を訪れて憩い、萩や三田尻で芝居見物を楽しんだ。また、彼は、三田尻や小郡で鷹狩に興じたが、他方、各地を巡察して綱紀粛正を行なった。その巡察は、天明五年一月に小郡方面、二月に上関・大島方面、十二月に小郡方面、同六年二月に都濃郡須々万方面、閏十月に小郡方面など、五度に及んだ。この間、彼は、同五年九月に八男熊五郎を伴って長府を訪れ、十月に三田尻に帰っている。当時、長府藩主は、重就の長男匡満（文之助）が死去したため、五男匡芳（政次郎）が継いでいた。

寛延四年（一七五一）五月、文之助は長府毛利氏の家督を継いだが、まだ三歳二か月に満たないため、江戸の長府藩邸で成長した。彼は一四歳に達したので、宝暦十一年十一月に初めて江戸城に登って将軍徳川家治に御目見し、十二月に従五位下・能登守に叙任された。同十二年三月、文之助は匡満と改名し、翌十三年十二月に幕府から藩政直裁の許可を得た。こうして、名実とも長府藩主になった毛利匡満は、翌明和元年（一七六四）五月に初入国し、九月に萩に出向き、萩城内で父重就と対面し、その成長の様子を喜んだ萩藩主重就から饗宴・鹿狩・鷹野などを歓待されて、十二月に長府に帰った（「御末家御出萩詮議」）。以後、長府藩主が萩に出向くのが慣例になった。このように、藩主とはいえ、重就と匡満の間には、濃密な父子の交流があったといえよう。同様のことは、重就・治親父子にも見受けられる。萩藩主になった毛利治親は、大殿重就と狩りをし、父重就の好んだ芝居をともに見物しているのである。

大殿重就は、寛政元年（一七八九）六月下旬から「類瘧」を患って病床に伏すようになり、

大殿重就の死

東光寺毛利氏廟所（萩市郷土博物館写真提供）

九月末には重体に陥った。瘧と記されているので、高熱を発していたと思われる。彼は、十月七日に三田尻御殿で死去した。享年六十五であった。当時、三田尻御殿には、側室の種織（山の井）と長姫（種織の娘）、熊五郎（興言、母は侍女しん）がいたので、三人は、死の床の側にいたものと思われる。重就の遺骸は、同月二十日に三田尻御殿を離れ、山口・佐々並を経て、二十二日に萩に着き、護国山東光寺に葬られた。諡は、初め英雄院殿祐山如靖とされたが、後に英雲院殿祐山如靖と改められた。在府中の藩主治親は、十月二十二日に父重就の重体を知り、翌二十三日に幕府の許可を得て帰国の途に着いたが、川崎の宿駅で大殿重就死去の報告が届いたので、同日、江戸の藩邸に帰った。翌二年五月二十九日、藩主治親は、萩に帰城し、六月十二日に英雲院殿の位牌を東光寺と重就の由緒があった上宇野令（山口市）の香山常栄寺に安置することとした。

三田尻御殿の解体

大殿重就の死去によって、寛政二年の春には、側室・息男・息女なども三田尻を離れ、六月には、三田尻御殿の諸役も藩府の諸役に復帰した。翌三年二月に三田尻御殿の秋葉社が萩の東苑御茶屋に移され、五月三日に遷宮が終了した。これが三田尻御殿の解体の始まりである。三月には、藩主治親が出府の途中で三田尻御殿に逗留中に、蔵に収められていた大殿重就の道具類を選別した。その際、藩主治親は、大殿重就が毎朝拝んでいた秋葉社の「尊像大掛物一幅」を国分寺に与えている。これは、天明四年に江戸・増上寺の福寿院院主が秋葉権現の尊像を画彩し、大殿重就に献じた物である。以後、「長局御部屋々々・花月楼・松原御屋敷其外固屋に至るまで残らず解払ひ相成候」（前掲「英雲公華の浦御住居内手控」）と、三田尻御殿の解体作業が進められ、十一月には、「下之御茶屋」や地方勘場も三田尻御殿の跡地に戻された。こうして、三田尻御茶屋、三田尻都合人役所および地方勘場が旧に復したのである。なお、このとき、三田尻御殿の解体材の一部は、越氏塾の拡充に供され、同元年四月の宮市大火で類焼した本陣兄部家の再建に与えられた。

二　重就への批判

当時、藩主重就の藩政に対して、厳しい批判が存在していたことは、「御国政再興記第二」の記事からも裏付けることができる。重就に対する批判については、すでに、拙著『転換期長州藩の研究』でも触れているが、河村一郎氏や田中誠二氏も論じている(「「御国政再興記」のこと」(『長州藩思想史覚書』、「「某氏意見書」について」『長州藩徂徠学』、「「蔵櫃録」が語るもの」『防長藩政期への視座』以上河村。前掲田中「萩藩後期の藩財政」)。ここでの評価も、両氏の指摘と重なる部分が多いので、これらを参考としながら述べてみたい。

高洲就忠の処分

安永九年(一七八〇)四月二十一日、藩主重就は、寵臣の高洲就忠(たかすなりただ)に隠居を命じ、嫡子衛士(えじ)(就朝(なりとも))に家督を継がせた。高洲就忠は、齢六三歳に達し、健康が優れなくなったので、同七年十月五日に当役を退き、非役になっていた。さらに、重就は、同九年六月二日に就忠を「世上徘徊(せじょうはいかい)」禁止(禁固)とし、高洲就朝の知行高一〇〇〇石から二〇〇石を削減して八〇〇石とした。その理由として、同五年十二月に重就が老中・当役高洲就忠の屋敷を訪れた際に、三田尻御内用銀から銀六七貫目を流用して御成座敷を新調したことを挙げている。実際には、奥番頭・三田尻御内用方粕谷修（勝章）が取り計らい、三田尻御内用作事方楢崎貞右衛門（美政）が指揮をして御成座敷を新調したのであり、就忠が三田尻御内用銀を流用した事実はない。しかし、これが約三年四か月後に問題にされたのである。また、この事件で、粕谷勝章が免職・逼塞、楢崎美政が「世上徘徊」禁止の処分を受けている（「刑典綱領」）。

就忠邸を訪問

この十二月十五日に重就が煤除けの名目で老中・当役高洲就忠の屋敷を訪れたのは、老中職を労う「御吉例」によるものであった。重就は、十八日に雅姫（長姫）と側室千佐を伴って再訪し、夜分に就忠の妻、就朝の妻（就忠の二女）および寄組山内采女（就資）の妻（就忠の四女）を召し出し、女性たちも慰労した。このとき、三人は、「御意拝領物等」を下賜されている。高洲就朝は、寄組佐世六郎左衛門（広嘉）の次男であったが、

高洲就忠の妻子

就忠の養子となり、次女と結婚していた。就朝の実母は、毛利広定の養女で、実は、京都・北面武士松波雅楽頭（光篤）の娘である（「譜録・高洲衛士」）。なお、佐世広嘉は、重就の下で、安永元年九月から同三年八月まで当役、同八月から同五年九月まで当職を勤め、山内就資は、後に、藩主治親の下で、天明八年三月から寛政二年四月まで当役添役を勤

めている。

このように寵愛していた高洲就忠を藩主重就が処分せざるを得なかったのは、家臣が藩政を強く批判し始めていたからである。なお、藩主治親は、天明六年八月二十日に高洲就忠の勤功を考慮して就朝に二〇〇石を返還し、旧知行高を回復させた。これは大殿重就の意を受けた措置と言えよう。高洲就忠は、大殿重就の死に遅れること四年の寛政五年十一月二十日に死去したので、大殿重就と藩主治親の配慮に感謝したに違いない。

「御国政再興記」第二の編集

この年(安永九年)の八月二十九日、藩主重就は、当役国司備後(就相)に「密用方え極密申付之事」を命じた。そのなかで、彼は、

此度国中之難儀、偏に近年上之分過之奢有之、近年不首尾故抔と内輪より浮説下之心得違之所、此分にて年月立候ては上之身通りも難立候、

と述べている。すでに、彼が気付いているように、藩政の批判は、撫育方の設置、南苑御茶屋や三田尻御殿の建設、幕府普請役の加重負担などに集中しており、実は、重就に非難の矢が向けられていた。この批判をかわすため、重就は、高洲就忠が書いた「国政再興之記録え相添、子孫えも相伝之覚悟」で、当役国司就相に「格別御内密に編集」を命じたのである。

当役就相の命を受けて、直目付粟屋又左衛門（正貞）・山県半兵衛（直成）・三戸首令（清昌）は、重就の事績を記録するとともに、その功績を称えた一書を作成し、天明二年（一七八二）八月十四日に至って江戸加判役国司就相・当役児玉淡路（就恒）に提出した。重就が隠退する一四日前のことである。このなかで、彼ら三人は、随所に「左程之賢徳も無之者、即興に我意を逞し、上之非をあけ、浮説誤伝弘く相成候処、可恐儀歟」のような表現を用い、主として先の三つの批判について論駁している。

安永七年（一七七八）十月一日、高洲就忠は、当役を退くにあたって、宝暦八年（一七五八）に当職裏判役として当職毛利広定を補佐し始めてから約二〇年間の事績をまとめ、草案を御密用方に提出した。これは、藩主重就の意を体して作成されたもので、就忠自身の事績の形をとりながら、重就の功績を称えている。この就忠が作成した一書は、重就の黒印が押され、「御国政再興記」と名付けられて御宝蔵に納められた。翌八年二月二十四日、「御国政再興記」は、写しが三部作成され、おのおの洞春寺の顕西殿、江戸の当役座、国元の当職座に置かれることとなった。その後、これを「御国政再興記　第一」と改称し、直目付三人のものを「御国政再興記　第二」と題して御宝蔵に保管したのである。

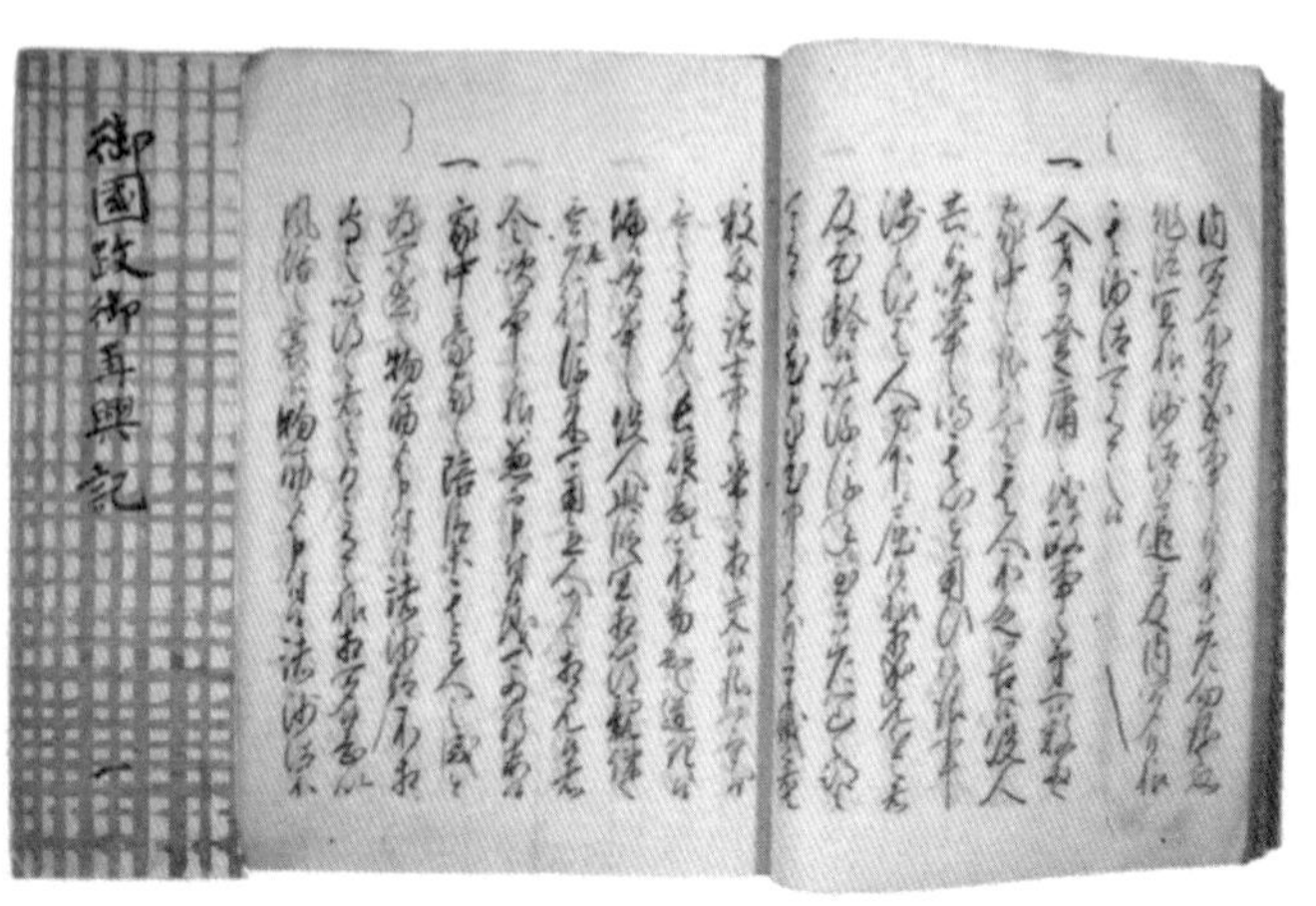

「御国政再興記」（毛利家文庫・山口県文書館所蔵）

以上が「御国政再興記」成立の経緯であるが、とくに、後者は、「浮説誤伝」への反論に重点が置かれている。このことは、逆に、重就の藩政に対する家臣の批判が強く、世評も厳しかったことを示していると言えよう。

重就は、三度の大出費を強いられた。明和三年（一七六六）二月に美濃・伊勢両国諸川の修築普請役が銀五一七九貫目、同九年に江戸の大火で類焼した桜田・新橋両屋敷の再建が銀三〇五五貫目、安永七年（一七七八）に日光東照宮の修復普請役が銀八八三一貫目である。これらは「三度之御大厄」と言われている（「御国政再興記　第二」）。もちろんこの他にも、天皇即位が三度、将軍宣下が一度、転任の御礼が二度、朝鮮通信使の応接が一度、昇進の御礼が一度、立后が一度など、出費が相次いだ。他方、先述のように、風水害や干害による防長両国の損亡は、安永七年から九年までの三年間のみで四二万九七六石余に達していた。

幕府普請役の重圧

これらのうち、日光東照宮の修復普請役は、家臣に大きな波紋を広げた。当時、幕府が収入増加の藩、裕福な藩および不首尾の藩に普請役を課すことは、諸藩の家臣にも知られるようになっていた。萩藩では、宝暦の検地が美濃・伊勢両国諸川の修築普請役、南苑御茶屋や三田尻御殿の建設が日光東照宮の修復普請役と結び付くものとして考えられていたのである。萩藩は、幕府の許可を得て、宝暦の検地を実施し、三田尻御殿を建設しており、当然、幕府も関心を寄せていた。このとき、萩藩は、宝暦の検地が小村の「広狭」と「厚薄」を「地抨」し、追損米の整理を行うもの、三田尻御殿の建設が既設の三田尻御茶屋を修築するものとして届け出たが、実態は、前者が「惣検地」であり、後者が堂々たる御殿であった。その情報を幕府が得ていないとは考えられない。したがって、これらを幕府の普請役賦課の原因と家臣が考えるのは、自然であると言えよう。

安永七年一月、幕府は、萩藩主重就に「日光御霊屋幷本坊御修覆御手伝」を命じ、吉川監物（経倫）にも協力をするように申し渡した。これを受けて、重就は、江戸加判役毛利伊勢（就禎）を惣奉行、梨羽広云を添奉行に任命し、修復普請を遂行させた。同年七月、重就は、江戸城に登り、老中から工事の無事終了の慰労として羽織を下賜された。こうして、萩藩は、幕府普請役を無事に終えたが、その費用銀八八三一貫目余の負担に苦慮することとなった。この日光普請役について、家臣は、南苑御茶屋や三田尻御殿の建設と結び付け、「此御方様え被蒙仰候は、御不首尾故歟」と、重就を批判し始めていた（『毛利十一代史』八冊）。先述のように、重就が撫育方から銀七三一貫目を日光普請役に補助させたのは、彼らの不満を和らげるためである（第四―二）。

家臣の追放に対する危機感と不満

同七年十月、重就は、「覚」を発給して、向う一〇か年間、家臣に旅役米五石と馳走米一五石の合計二〇石（基準の一〇〇石の場合）を提出するように命じた。同じ日に貸付銀、足石および役料に関する仕法を改め、藩府経費の大幅な削減を行ない、普請役費用の返済に充てることとした。この「覚」は、忠誠を尽し、協力して欲しいと強調されているが、他方、家臣の生活を一層困窮に陥れるのみならず、旅役米と馳走米を提供できない場合は、「召放」（家臣の追放）の可能性を有していた。このため、家臣は、「召放」の危機感を抱き、不満を一気に噴出させたのである。

重就は、家臣の批判や不満を察知し、安永九年四月に寵臣の高洲就忠を処分し、八月に「密用方え極密申付之事」を命じた際に、「御先祖以来之家中を見離し、国中を令忘却候所存全無之儀」と述べ、弁明せざるを得なかったのである（同上）。

撫育方資銀の流用問題

撫育方に対する家臣の不満も根強かった。検地によって、彼らの含み益が藩府に移ったが、新財源を基に設置された撫育方が重就に直属する独立機関として運用されたため、折角の増石が藩財政（経常収入）に直接寄与しなかったからである。このため、撫育方資銀の本勘（経常費）繰り込み問題が、重就の隠退直後に表出した。

天明二年（一七八二）の夏に出府した当職益田又兵衛（就祥（なりよし））は、新藩主毛利治親に日光普請役による藩財政の窮状を説明した。これに対して、藩主治親は、「撫育米四万石御貸渡之儀」を伝え、急場を凌ぐように命じた。しかし、当職益田就祥は、帰国後、翌三年一月に日光普請役の際に生じた借銀の返済が見込めないことを理由に、在府中の治親に辞任を申し出た。このときは、治親に慰留されたが、再度、五月に当職就祥が加判役に辞意を示した。その本意は、撫育方の資銀を所帯方で流用したいと願出ていたが、認められなかったことにある（「諸事小々控」以下、これによる）。

同三年八月、藩主治親は、当職就祥の辞職を認め、後任として国元加判役の毛利内匠（もうりたくみ）（就任（たかとう））を当職に任じたが、いまだ、初入国も果たさないうちに、益田就祥が二度も辞任

益田就祥の逼塞・隠居

を申し出たことを咎め、十月に逼塞三〇日を命じた。この間、当職毛利就任は、三田尻御殿に赴き、大殿重就の意向を伺い、江戸の藩主治親に伝えている。益田就祥の処分理由として、「御代始」にもかかわらず、留守中を預かる当職就祥が再度辞任を申し出て、新藩主治親を困惑させたことが挙げられているが、同時に、「上江対非礼」があったことも強調されている。撫育方については、「御撫育之趣は、一向申出間敷候処」であるのに、益田就祥が資銀の流用を願い出たことが重大な罪とされたのである。益田就祥は、一度、逼塞が解かれたが、大殿重就の強い意向で、翌四年閏一月に隠居を命じられた。これによって、就祥が隠居し、二月に嫡子益田越中（就恭）が家督を継いだ。

諸役の連座

この事件で、益田就祥を支えていた当職手元役・表番頭格能美吉右衛門（以成）、所帯方・御手廻組下村弥三右衛門（政武）と福井源右衛門（真相）、大坂留守居役・表番頭格福原与三左衛門（俊方）が連座した。彼らは、まず、能美以成が逼塞八一日、下村政武と福井真相が逼塞五〇日、福原与三右衛門（名不詳）が遠慮五日を命じられた。おのおの逼塞と遠慮が終った後に、正式な処分が行なわれたが、下村政武が御手廻組から大組、福原与三右衛門が表番頭格から大組、福井真相が御手廻組から遠近付に戻された。能美以成は、当職手元役として中心的役割を担っていたので、隠居が命じられ、知行高も一六五石から約一割が削減されて、嫡子右門に一四八石が与えられることとなった。

しかし、同四年十二月に至って、大殿重就から直筆の厳しい意向が示された。重就は、藩主の座を譲った直後に、所帯方、当職手元役（三度）および御前仕組方（安永三年に再度結成）に登用し、表番頭格にまで昇格させた能美以成が撫育方資銀の流用を画策したことに対して、激しく怒ったのである。その処分の内容は、以成を隠居させ、加増分の一一五石を剥奪し、元の五〇石に戻すと言うものであった。先述のように、能美以成は、「蔵櫃録」で高洲就忠を論難する形をとりながら藩政を批判しているが、同書の校了（同年五月）時点では、いまだ、厳しい処分が待っていることを知らなかったのである（第三―五）。

能美以成の処罰

所帯方下村政武は、天明元年（一七八一）十二月に「御内咄之廉書」を書き、防長両国の総石高八九万二九七六石余は多いように見えるが、支藩・家来中・寺社家・足軽・地下御雇への「御配高」を除くと、結局、残高がわずか一五万一六二三石余であることを指摘している。したがって、この物成（四つ成＝四〇％）六万六四九石が基本的な経常収入であり、それに銀収入を加えたもので藩府の管理・運営をせざるを得ないと述べている。この「御内咄之廉書」は、単に、財政運営の困難さに言及したのではなく、撫育方資銀を流用する根拠になっていた（第四―一）。財政の破綻に直面する当職や補佐役たちにとって、撫育方が藩中の藩のような存在であり、その潤沢な資銀は、垂涎の的であったと言えよう。また、馳走米の重圧に苦しむ家臣も、撫育方に冷ややかな目を向けていたのである。

国司就相の罷免

寛政二年十月、藩主治親は、当役国司就相が大殿重就を批判したことを咎めて罷免し、翌十一月に差控を命じ、翌三年一月に隠居させた。このとき、治親は、「英雲院様御生涯被召仕候ものを漸御一周忌を待兼咎候」と、嘆いている。国司就相は、大殿重就付の当役を勤め、重就・治親父子の信頼を得て当役になったが、その彼でさえ、大殿の死後間もなく、重就の藩政を批判していたのである（『毛利十一代史』八冊）。

寛政十二年（一七九〇）十一月、藩主毛利斉房（なりふさ）は、当職毛利若狭（わかさ）（就宣（たかのぶ））や国元加判役毛利内匠（就任）をはじめとする老臣の意見を認め、撫育方が保管する資銀五三二三貫目余を全部本勘（ほんがん）（本会計）に流用し、家臣に「当務より年久敷三ツ成之所務」を渡すこととした。当時、これを「永久三ツ成」と称したが、家臣にとって、高一〇〇石に付き三〇石の手取りになるので、実質は馳走米一〇石と同じものであった。この措置は、二年前（寛政十年）に日光東照宮の修復普請役が課されたため、新たに生じた借銀の返済と家臣の救済を意図していたのである（『毛利十一代史』九冊。前掲『萩藩の財政と撫育制度』）。藩主斉房は、毛利治親の嫡男で、同三年七月に一〇歳で家督を継いでいた。撫育方資銀の流用は、若い藩主が決断した今回のみで、以後、実施されることはなかった。

某氏意見書

後年、「某氏意見書」は、撫育方が設置の目的と異なり、南苑御茶屋や三田尻御殿の建設に充てられことを挙げ、「民と楽を同じくし玉はざる故、二国の士民挙げて怨望せしといへり」と述べ、撫育方のあり方を批判している（瀧本誠一編『日本経済大典』四七巻）。この書の成立について、瀧本誠一氏は、解説で村田清風（むらたせいふう）の著作とし、これを基にして、田中彰氏は、化政期の農村の様子を示している（田中彰『幕末の藩政改革』）。しかし、河村一郎氏は、国元加判役毛利大蔵（おおくら）（房晁）が藩政を掌握しようとして失敗した事件に巻き込まれ、連座した儒者の片山潤蔵（かたやまじゅんぞう）が記したものと推論し、また、潤蔵が村田清風と親しい関係にあったことも指摘している（「『某氏意見書』について」前掲『長州藩徂徠学』）。その論証過程の紹介は、省略するが、河村一郎氏の推論は妥当なものと思われる。

河村一郎氏の論証によると、同書の成立は、「文化八年を起点としてそれを余り隔らない時期」である。したがって、この頃でも、撫育方に対する批判―ひいては重就へ批判―が存在していたことがわかる。当職堅田（かただ）宇右衛門（就正（なりまさ））は、文化八年（一八一一）六月に江戸の藩邸に着き、出府中の藩主毛利斉煕に藩政の運営を報告して承認を得たが、そのうち、撫育方資銀の流用については、国元の藩政担当者の一致した意見であったにもかかわらず、許可されなかった。このように、撫育方資銀の流用は、財政の運用が困難になったときに、繰り返して問題になるのである。

豪農・豪商の参加

以上は、藩府の要職者、なかでも財政担当者による批判である。また、重い馳走米から一向に解放されない家臣が、冷ややかな目を向けていたことも事実である。しかし、これまで述べてきたように、重就の政策を支持し、登用されて藩政改革を推進した家臣がおり、それに加えて、抜擢されて地方支配にあたった「地方巧者」も存在していた。とくに、「地方巧者」は、地方の動向に精通していたため、検地の実施・塩田の開発・港町の整備・産業の開発などに大きな力を発揮した。

地方巧者の活躍

重就の信任の厚い高洲就忠は、藩政改革の責任者として、「御前仕組方」の者たちとはかりながら諸事業を実施した。その際、就忠らは、豪農の豊かな経済力と村落における強力な指導力に着目し、藩政改革の基盤とする政策を推進した。具体的には、豪農から馳走米銀を提供させ、その見返りとして、彼らを御利徳雇(おりとくやとい)・本御雇(ほんおやとい)・三十人通(さんじゆうにんどおり)などの下級武士に登用し、「地方巧者」の下で検地をはじめとする諸事業の実務を担当させたのである。これら諸事業の資銀の基本的部分が豪農の提供した馳走米銀によって賄われていたことは、すでに述べたとおりである。

このように、「地方巧者」たちは、藩府と豪農を結びつける役割を果たすとともに、後に各宰判の代官に就任し、地方支配の中枢を担うようになる。村田清風の祖父村田為之で代表される「地方巧者」たちの動向が、これを如実に示している。下級武士に登用された豪農も、やがて、「地方巧者」たちと同じ道を歩み始めるのである。

豪農の願望

萩藩領には、防長移封や慶長・寛永検地で禄を失って帰農した者、旧大内氏の家臣で帰農した者が多くいた。彼らは、自力で小規模な田畠を開発して藩に提出したり、蓄財を献納したりして御利徳雇になり、家臣に復帰・採用されることを願い、望を託していたのである。御利徳雇の制度は、財政の困窮を凌ぐために設けられたものであるが、いつから行なわれるようになったかは明らかでない。しかし、延宝四年（一六七六）八月の「覚」には、御利徳雇に関する記事が見える。その後、寛延二年（一七四九）三月に御利徳雇の制度が廃止されたが、就忠らは、それを復活させて豪農に米銀の提供を求めたのである。一方、豪農にとって、御利徳雇の制度が復活し、再度、下級武士への道が開かれたのは、歓迎すべきことであった。事実、多くの豪農が御利徳雇・本御雇になり、三十人通・無給通に登用されている。その意味で、彼らは重就の藩政改革を支持していたと言えよう。

撫育方資銀と豪商・豪農

また、熊屋五右衛門や梅屋吉右衛門のように、豪商も、藩政改革に協力していた。撫育方が設置されると、その資銀が豪商や豪農に融資された。先述のように、安永七年（一七七八）十月に撫育方が「御用聞町人」などの民間に貸し付けていた米銀が七九四〇石余と一九二四貫七〇〇目余もあるが（第四―二）、このなかには、梅屋吉右衛門らへの融資なども含まれていたと思われる。天明三年（一七八三）に豪農の子弟から豪商に転じた藤屋伝蔵（加藤伝蔵）には、中関（なかのせき）の開発のため、五〇〇石に及ぶ巨額の酒造石を認め、毎年、撫育方の米五〇〇石を売り渡している。このように、潤沢な資銀を持つ撫育方は、豪商にとって、有力な資銀の供給源でもあった。

三　名君像の形成

維新の動乱期に、豊富な撫育方の資銀が大きな役割を果したため、毛利重就の名君像が形成されたと思われる。

村田清風の指摘

毛利治親の後、藩主の座には、毛利重就の子孫たちが就いたので、当然のことながら、彼らの重就に対する尊敬の念は強く、撫育方も存続した。村田清風は、天保十二年(一八四一)の「辛丑改制建議」(山口県教育会編『村田清風全集』上巻 山口県教育会 一九六一年)で、撫育方の石高を四万一四一四石余とし、これに「没収減少入石」を加えると、六万九七二七余になると述べている(「清風存意」同上)。また、彼は、所帯方が諸役所修補米銀を貸し付け、利益を得ているのは、「弟之物をとりて兄にあたえへ候道理」と批判し、越荷方を充実させ、他国廻船から利益を上げることを主張している。これは清風の萩藩天保改革における主要な政策として有名である。例えば、文政四年(一八二一)に所帯方が三田尻浜に札銀五〇〇貫目を貸し付け、同所の越荷方に毎年札銀四〇貫目から五〇貫目を出資し、正銀で返済させている(「三田尻越荷一件抜書」)。

彼は、撫育方に関しても、

尚又撫育方借捌之米銀とても同様之事、地下支配所に而知行米塞り居候者借財手段無之に付、知行所百姓名前に而田地質入、御代官奥判相調、若不調之時ハ、田畑引渡候証文に而、丈夫之かし方之様に相見候へとも、素百姓共借得候儀に而は無之、偏に領主之頼によって無拠田地質入仕候事に付、万一領主不納之時ハ、田地御撫育

方え取揚被仰付候節、甚以不仁之被仰付方、（「辛丑改制建議」）

と述べ、改善の必要性を指摘している。しかし、これらの問題を抱えながら、撫育方は、巨額の資銀を有するに至ったのである。

維新の動乱と名君論

藩主毛利敬親（たかちか）は、アメリカ東インド艦隊司令長官ペリーが浦賀に来航したため、嘉永六年（一八五三）十一月に幕府から相模国西浦賀より腰越（こしごえ）八王寺山に至る海岸の警備を命じられた。その経費として、藩主敬親は、翌安政元年（一八五四）の春に撫育方の資銀から一万両を支出した。萩藩は、文久元年（一八六一）に中央政界に進出し、公武の周旋に乗り出したが、敬親は、翌二年に撫育方資銀の一万両を「京都周旋費（しゅうせんひ）」に充て、今後一〇か年間毎年一万両を支出することとした。この他、撫育方の資銀から銀二〇〇貫目が支出され、困窮する家臣の救済に充てられた。同三年四月には、朝廷に一万両が献納されている（前掲『萩藩の財政と撫育制度』）。これを契機に、以後、撫育方の資銀が軍備の拡充費に充てられたことは、広く知られている。

慶応元年（一八六五）のみでも、概算で一三万二五〇〇両に達する撫育方の資銀が軍艦・大砲・銃の購入費に投じられていた（末松謙澄『修訂防長回天史』七　マツノ書店　一九九一年）。このような撫育方資銀の支出の度ごとに、「御撫育金は英雲公御創建以来、御代々様深き思召も有之」（同上）と、毛利重就の遺徳が顕彰されているのである。

朝廷に七〇万両を献金

萩藩の最後の藩主毛利元徳は、明治四年（一八七一）に宝蔵銀（撫育方資銀を含む）の約一〇〇万両のうち三〇万両を残して、七〇万両を山口県庁を通して朝廷に献金した。これは、後に、同十六年六月に至って、毛利元徳が宮内卿大徳寺実則から「右残額七十万両県庁を経て差出候趣」を褒賞された事実によって、裏付けることができる（「撫育局之記」）。なお、とくに、毛利重就に対して、同四十一年四月に朝廷から従三位が追贈された。

このように、維新の過程で撫育方を設置した毛利重就の藩政改革が再評価され、彼の名君像が形成されるのである。

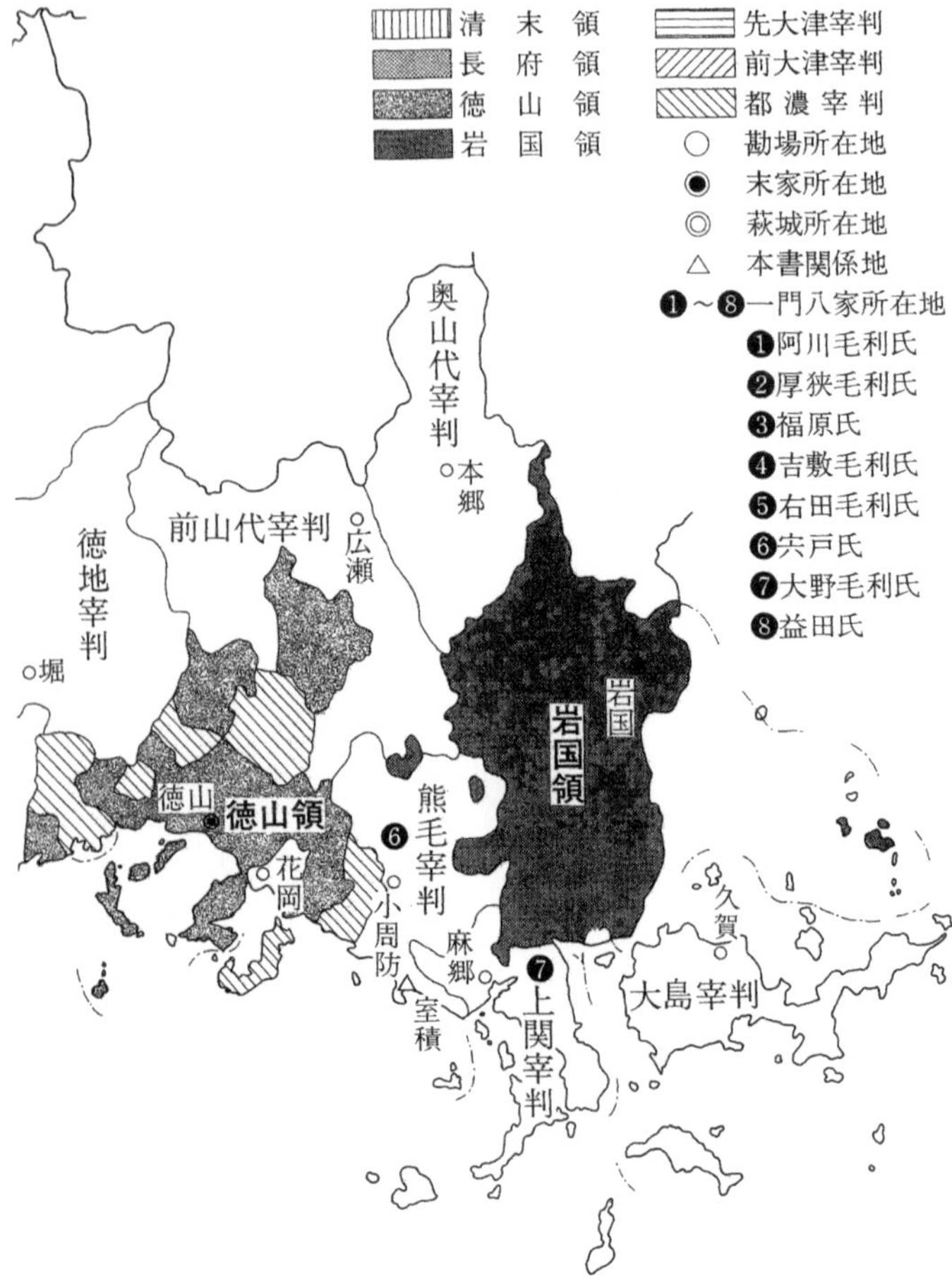

清末領
長府領
徳山領
岩国領
先大津宰判
前大津宰判
都濃宰判
勘場所在地
末家所在地
萩城所在地
本書関係地
❶～❽一門八家所在地
❶阿川毛利氏
❷厚狭毛利氏
❸福原氏
❹吉敷毛利氏
❺右田毛利氏
❻宍戸氏
❼大野毛利氏
❽益田氏
奥山代宰判
本郷
前山代宰判
広瀬
徳地宰判
堀
岩国
岩国領
徳山
徳山領
熊毛宰判
花岡
小周防
麻郷
室積
上関宰判
久賀
大島宰判

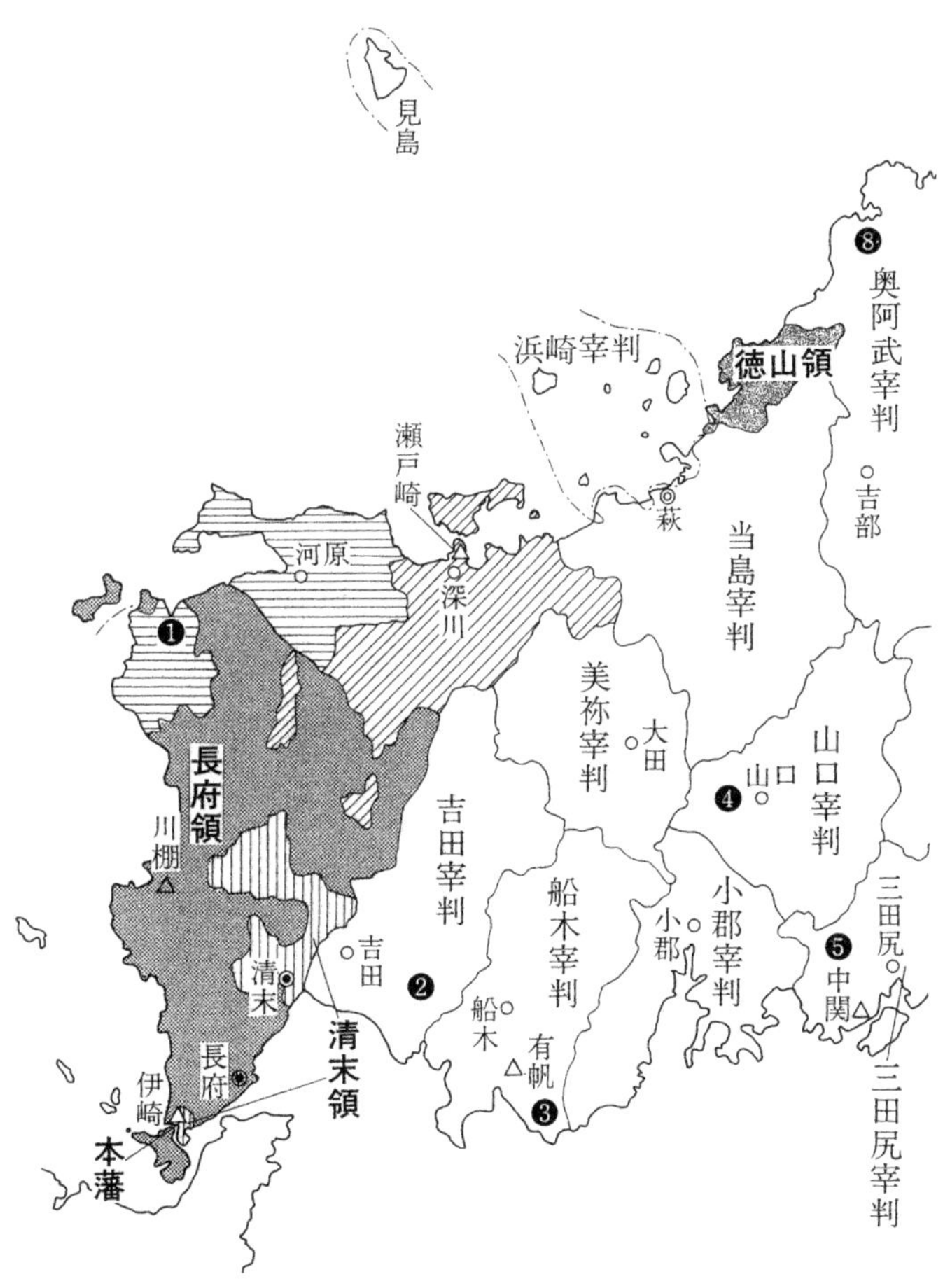

萩領宰判と支領の図

『防長風土注進案・研究要覧』の「支藩及び宰判別地図」を参考にして作成した。したがって，宰判や勘場などは天保期のものである。

毛利宗家略系図1

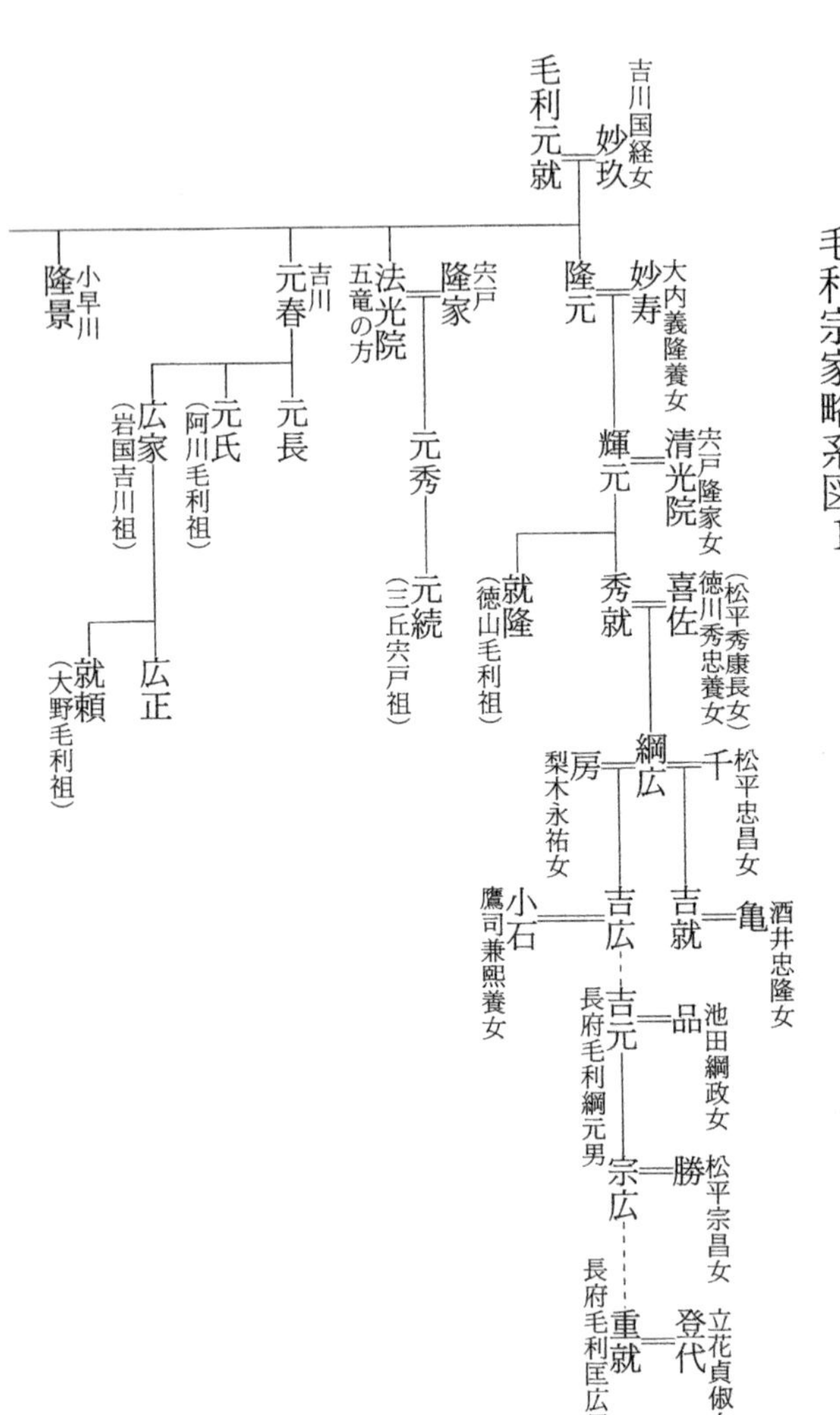

毛利元就
吉川国経女
妙玖
隆元
大内義隆養女
妙寿
宍戸
隆家
法光院
五竜の方
吉川
元春
小早川
隆景
輝元
宍戸隆家女
清光院
元秀
元続
(三丘宍戸祖)
元長
元氏
(阿川毛利祖)
広家
(岩国吉川祖)
秀就
(松平秀康長女)
徳川秀忠養女
喜佐
就隆
(徳山毛利祖)
広正
就頼
(大野毛利祖)
綱広
松平忠昌女
千
梨木永祐女
房
吉就
酒井忠隆女
亀
吉広
鷹司兼熙養女
小石
長府毛利綱元男
吉元
池田綱政女
品
宗広
松平宗昌女
勝
長府毛利匡広男
重就
立花貞俶女
登代

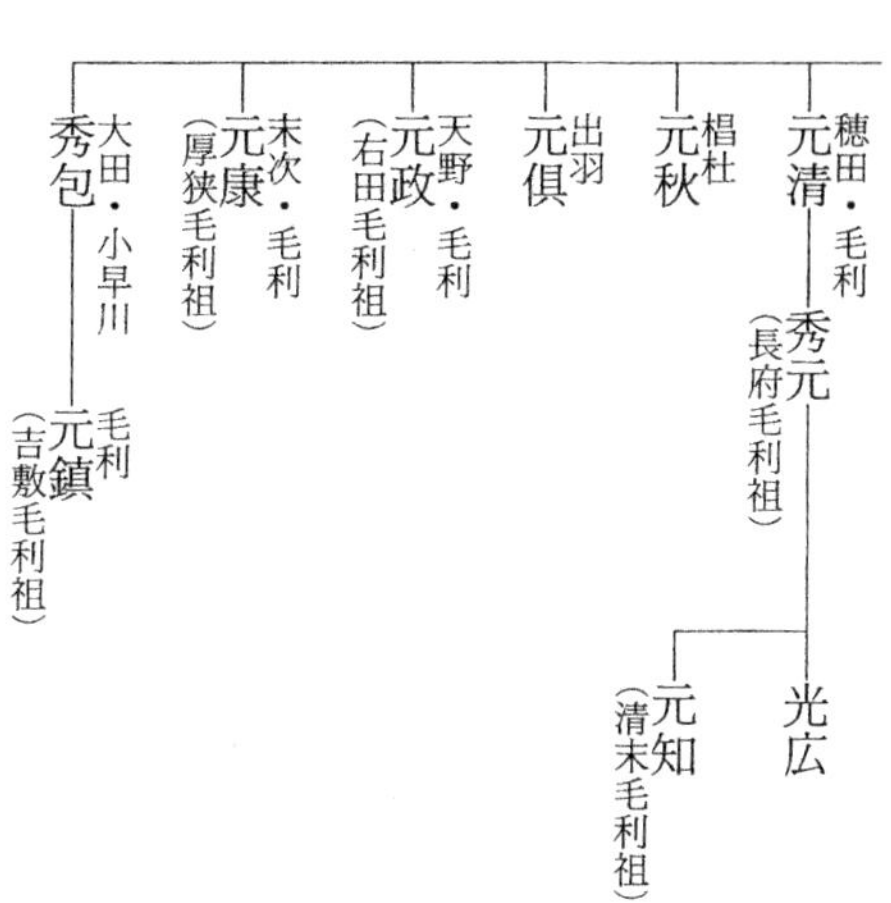

穂田・毛利
元清
秀元
（長府毛利祖）
光広
元知
（清末毛利祖）
椙杜
元秋
出羽
元倶
天野・毛利
元政
（右田毛利祖）
末次・毛利
元康
（厚狭毛利祖）
大田・小早川
秀包
毛利
元鎮
（吉敷毛利祖）

毛利宗家略系図2

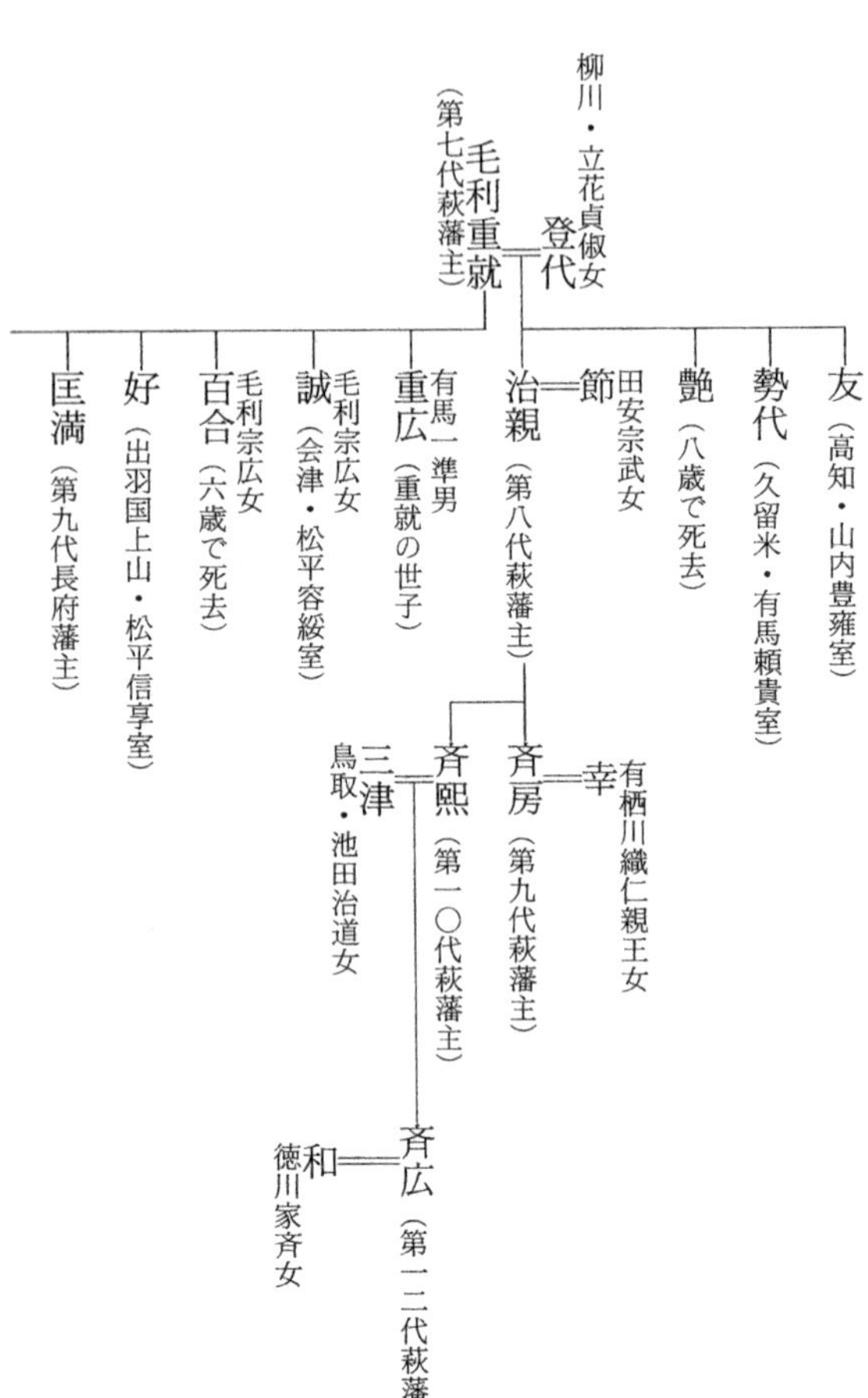

柳川・立花貞俶女
登代
毛利重就
（第七代萩藩主）
友（高知・山内豊雍室）
勢代（久留米・有馬頼貴室）
艶（八歳で死去）
田安宗武女
節
治親（第八代萩藩主）
有馬一準男
重広（重就の世子）
毛利宗広女
誠（会津・松平容紱室）
毛利宗広女
百合（六歳で死去）
好（出羽国上山・松平信享室）
匡満（第九代長府藩主）
有栖川織仁親王女
幸
斉房（第九代萩藩主）
斉熙（第一〇代萩藩主）
三津
鳥取・池田治道女
斉広（第一二代萩藩主）
和
徳川家斉女

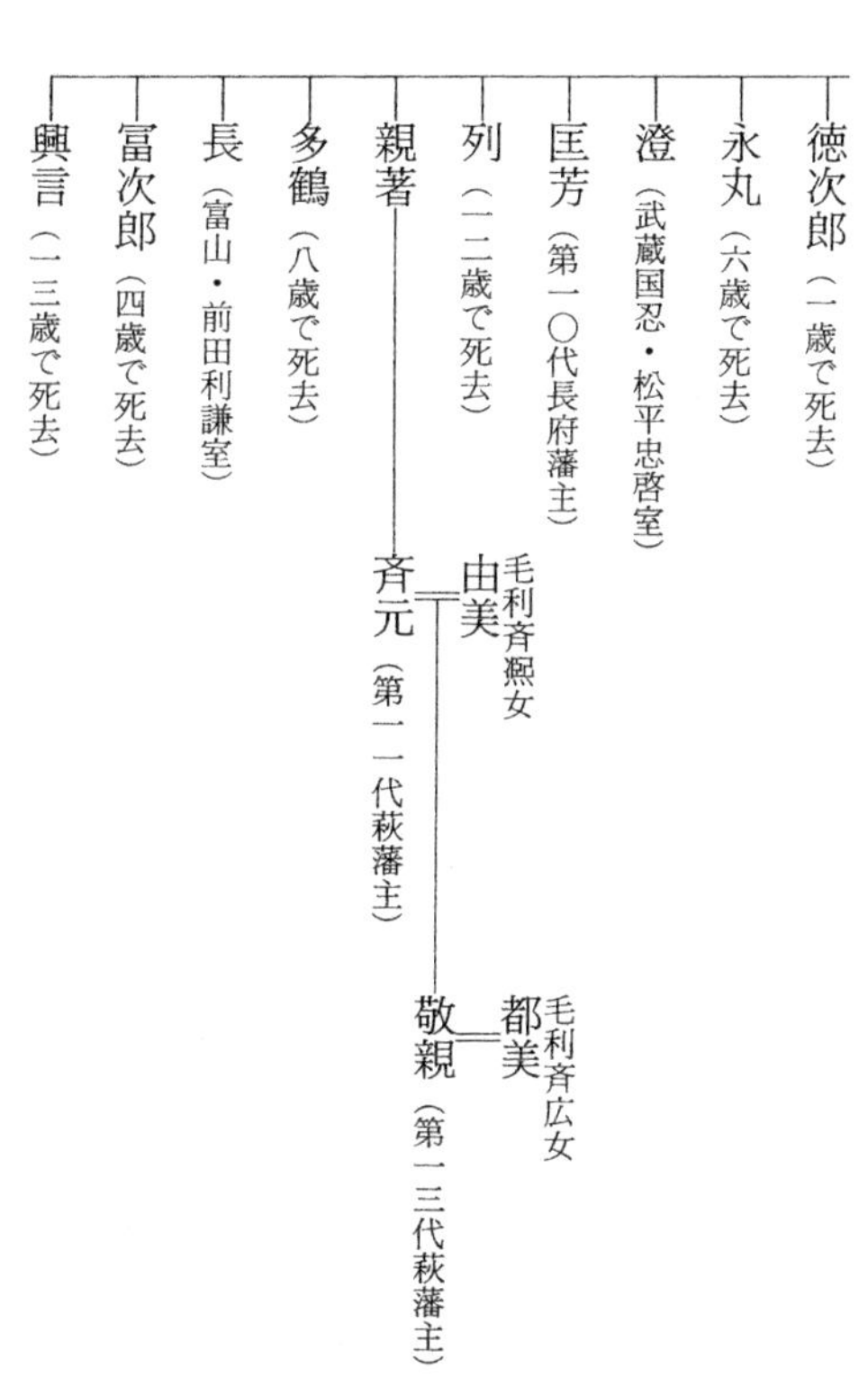

徳次郎（一歳で死去）
永丸（六歳で死去）
澄（武蔵国忍・松平忠啓室）
匡芳（第一〇代長府藩主）
列（一二歳で死去）
親著
多鶴（八歳で死去）
長（富山・前田利謙室）
冨次郎（四歳で死去）
興言（一三歳で死去）
毛利斉煕女
由美
斉元（第一一代萩藩主）
毛利斉広女
都美
敬親（第一三代萩藩主）

長府・清末毛利家略系図

徳山毛利家略系図

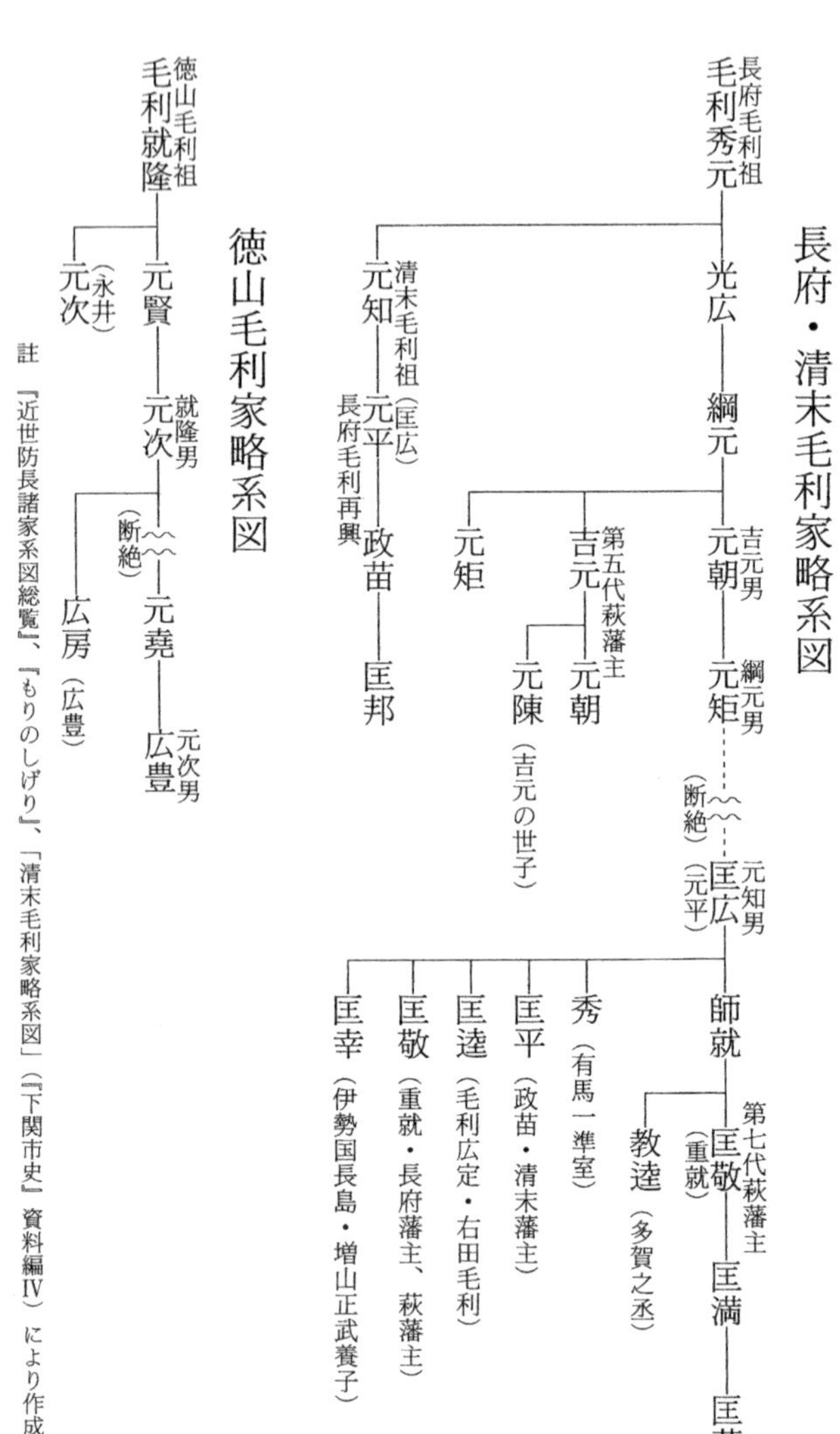

註　『近世防長諸家系図総覧』、『もりのしげり』、「清末毛利家略系図」（『下関市史』資料編IV）により作成。

略年譜

年次	西暦	年齢	事績	参考事項
享保一〇	一七二五	一	九月一〇日、長府藩主毛利匡広の五男として江戸・日ケ窪邸で誕生、母は側室津礼	
一四	一七二九	五	九月一〇日、着袴の式を行なう	
一六	一七三一	七		一〇月、毛利宗広が萩藩主となる
一七	一七三二	八	一二月六日、防長両国の虫害が二九万二七四〇石余に達する	
一八	一七三三	九	二月、防長両国の虫害による飢人一七万七五〇〇余人におよぶ	
二〇	一七三五	一一	六月一四日、兄毛利師就の死去により長府毛利家の家督を相続する	九月、梅月堂宣阿(香川景継)が京都で死去する
元文二	一七三七	一三	一月二八日、初着甲冑の式を行なう	六月、烏田貫通が「長防物産名寄(両国本草)」を著わす
四	一七三九	一五	五月一五日、初めて江戸城に登る○六月二九日、柳川城主立花貞俶の二女登代と婚約なる○一二月一六日、従五位下・甲斐守に叙任し、名を匡敬と改める	
寛保元	一七四一	一七	五月二三日、初入国して長府に至る	

延享二	一七四五		三月一二日、長男文之助（九代長府藩主匡満）が生まれる〇五月二日、駿河国吉原駅で朝鮮通信使を饗応する〇九月二一日、立花貞俶の二女登代と婚儀を挙げる	一一月、徳川家重が将軍となる
寛延元	一七四八	二四		
二	一七四九		四月五日、大坂の米仲買人が質米切手の支払いを求めて出訴する	
宝暦元	一七五一	二七	二月四日、萩藩主宗広が萩城で死去する〇四月一二日、毛利宗家の家督を相続する〇六月一三日、従四位下・侍従に叙任し、名を重就と改める〇一〇月四日、再度大坂米切手訴訟事件が起こり、深刻な事態となる	六月、徳川吉宗が死去する
二	一七五二	二八	四月一四日、有馬大三郎を養子とする。〇四月二八日、大三郎が世子となり、毛利重広と改名する〇六月一日、初入国して萩城に入る。〇この年、三老臣に財政の再建策を諮問する	
三	一七五三	二九	一月二四日、実兄毛利広定が当職になる〇七月二九日、藩札通用の年限延長を許可される	
四	一七五四	三〇	三月一五日、萩町の豪商熊屋五右衛門に御用銀の調達を命じる〇五月二二日、加判役毛利広漢を罷免し、翌二三日に隠居させる〇六月八日、毛利広	

			定が当職を辞任する○六月一五日、江戸・桜田邸で岩之允（八代萩藩主治親）が生まれる	
五	一七五五	二一	この年、永富独嘯庵が兄二人と長府領で白糖製造を開始する	
六	一七五六	二二	六月一八日、世子重広が毛利宗広の遺児誠姫（重就の養女）と納采の式を挙げる○九月二三日、高洲就忠が当職裏判役となる○一二月二七日、母津礼（性善院）が死去する	
七	一七五七	二三	九月二〇日、櫨蠟の専売制を強化する	七月、田村元雄・平賀源内らがはじめて薬品会（物産会）を江戸・湯島で開催する
八	一七五八	二四	九月二八日、毛利広定が当職に復帰する○一一月二一日、高洲就忠が記録所役を兼帯する○一二月一日、直書を公布し、藩政改革の骨子を示す	三月、藩医栗山孝庵らが萩の手洗川刑場ではじめて死体解剖をする○九月、田沼意次が大名に列する
九	一七五九	二五	二月一八日、坂時存・羽仁正之・佐々木満令・粟屋勝之を御前仕組方に任命する○三月五日、城内の洞春寺に詣で、毛利元就の神前に願文を奉じ、当職毛利広定に直書を与え、藩政改革を宣言する	
一〇	一七六〇	二六	六月一九日、世子重広が死去する○七月二二日、岩之允が世子となる○一二月二〇日、世子岩之允に反対した一門宍戸広周・毛利元連に差控を命じ、	九月、徳川家治が将軍になる

			翌年二月九日に隠居させる	
一一	一七六一	三七	三月四日、家臣に検地実施の意向を示す○八月一五日、毛利広定が検地の実施を公表する	五月、幕府が諸大名に貯穀を命じる
一三	一七六三	三九	二月一〇日、柿並潜之を大記録方に任命する○三月、萩の豪商梅屋吉右衛門に伊崎で港町の開発を請け負わせる○四月二九日、蔵入地と給領地の検地が完了し、増高五万一六三六石余を得る○五月一六日、撫育方を設置し、増高を財源に充てる○七月、中熊毛宰判を設置する○この年、繰綿と木綿織に運上銀を課し、各宰判に運上方制道人を置き、監視させる	一二月、朝鮮通信使が来朝し、赤間関の阿弥陀寺に宿泊する
明和元	一七六四	四〇	一〇月、撫育方役所を蔵元から二の丸に移す○一一月一七日、最初の撫育方開作である鶴浜開作に着手する	
二	一七六五	四一	三月一〇日、茶堂衆竹田休意が南園御茶屋に移り、作庭を開始する○五月二八日、船木宰判有帆村で石炭運上銀の徴収を開始する	
三	一七六六	四二	二月七日、幕府から美濃・伊勢両国諸川の修築普請役を命じられる○六月二一日、毛利広定が当職を辞任し、加判役となる○一〇月一七日、大浜開作（撫育方開作）に着手する	

年号	西暦	年齢	事項	一般事項
四	一七六七	四三	三月五日、「明和譜録」が完成する○この年、室積の港町を整備し、中関でも港町を開発する	七月、田沼意次が側用人となる○この年、有馬喜三太に命じて「防長土図」を作らせる○この年、米沢藩主上杉治憲（鷹山）が藩政改革を始める
五	一七六八	四四	七月一七日、中関宰判を設置する	
六	一七六九	四五	一月、山代復興策と請紙制の再建に着手する○八月一〇日、長府藩主匡満（長男）が死去する○八月二六日、毛利広定が死去する。○一〇月七日、五男匡芳が長府藩主となる○一〇月二八日、天守の修築が完了する	二月、小笠原長鑑・林以成に命じて「防長古器考」を編集させる
八	一七七〇	四七	二月、「四冊御書附」が完成する	九月一九日、周防国と安芸国の境界紛争の和議が成立する
安永元	一七七二	四八	二月二九日、江戸の大火で三つの藩邸が全焼する○一〇月二八日、高洲就忠が当職添役に就任する	
二	一七七三	四九	一月二四日、側儒滝鶴台が死去する○閏三月七日、大浜開作を巡視する	
三	一七七四	五〇	八月一二日、高洲就忠が当役添役に転じる○九月一日、小郡宰判が中関宰判に合併する○一〇月二八日、大記録方を発展解消して密用方を設置する	
五	一七七六	五二	四月二六日、高洲就忠が当役に就任する○一二月	

			七日、三田尻御殿の建設に着手する	
七	一七七八	五四	一月二〇日、幕府から日光東照宮の修復普請役を命じられる○一〇月一日、高洲就忠が「御国政再興記　一」を提出する○一〇月五日、高洲就忠が当役を辞任する	
八	一七七九	五五	三月二八日、明倫館の刷新を指示する	
九	一七八〇	五六	一月、周防国の国分寺金堂を再建する○四月二一日、高洲就忠に隠居を命じ、六月二日に禁固とし、嫡子就朝の知行高のうち二〇〇石を削減して八〇〇石とする○九月二一日、撫育方名目の囲籾を創設する	五月二六日、萩城の天守に落雷する
天明　二	一七八二	五八	八月一四日、直目付三人が「御国政再興記　二」を提出する○八月二八日、隠退して治親に家督を相続させる	
三	一七八三	五九	三月三日、三田尻御殿が完成する○五月一四日に三田尻御殿に移る○八月一四日、藩主治親が撫育方資銀の流用を主張した益田就祥を咎め、当職を罷免し、一〇月八日に逼塞を命じ、翌年二月一八日に隠居させる	五月二九日、幕府が長府藩の公称禄高を五万石と定め、城主格とする
四	一七八四	六〇	六月八日、治親が初入国し、萩城に入る○一一月一七日、三田尻御殿の前で治親をはじめ、子供や	

			側室とともに芝居を見物する	
五	一七八五	六一	九月一八日、八男熊五郎（興言）と側室とともに長府に赴き、長府藩主匡芳と会い、一〇月二日に三田尻御殿に帰る	
六	一七八六	六二	八月二〇日、治親が大殿重就の意を受けて高洲就朝に二〇〇石を返還し、旧知行高を回復させる○この月、三田尻で芝居固屋を設ける	一二月、諸国大凶作で米価が騰貴し、備前・備中・備後の農民が蜂起する
八	一七八八	六四		三月、老中松平定信が将軍補佐となる
寛政元	一七八九	六五	一〇月七日、三田尻御殿で死去する○一〇月二二日、萩の護国山東光寺に葬られる	

参考文献

一　史料

高柳真三・石井良助編『御触書寛保集成』　岩波書店　一九三四年

山口県文書館編『防長風土注進案』二二冊　山口県文書館　一九六一～六四年

山口県教育会編『村田清風全集』上巻　山口県教育会　一九六一年

山口県文書館編『萩藩四冊御書附』　山口県立山口図書館　一九六二年

黒板勝美編『徳川実紀』（新訂増補国史大系四六～四八）　吉川弘文館　一九六五年

時山弥八『増補訂正・もりのしげり』　赤間関書房　一九六九年

大田報助篇『毛利十一代史』六～九冊　名著出版　一九七二年

防府市教育委員会編『周防国分寺史』防府史料二五集　防府市教育委員会　一九七六年

山口県文書館編『山口県史料』近世編法制上・下　山口県文書館　一九七六～七七年

山口県地方史学会編『防長地下上申』　山口県地方史学会　一九七八～八〇年

下関市史編纂委員会編『下関市史』資料編Ⅰ～Ⅴ　下関市　一九七八～九九年

山口県文書館編『萩藩閥閲録』（復刊）四冊　山口県文書館　一九七九～八一年

末松謙澄『修訂防長回天史』（復刻）一二冊　マツノ書店　一九九一年
萩市郷土博物館編『蔵櫝録』（萩市郷土博物館叢書二集）　萩市郷土博物館　一九九三年
防府市史編纂委員会編『防府市史』史料II上・下　防府市　一九九六年

二　著書・論文

樋口弘『日本糖業史』　ダイヤモンド社　一九三五年
香川政一『英雲公と防府』　財団法人・防長倶楽部　一九三六年
三坂圭治『萩藩の財政と撫育』　春秋社松柏館　一九四四年
一九七七年に『萩藩の財政と撫育制度』（マツノ書店）と改題して刊行
関順也『藩政改革と明治維新』　有斐閣　一九五六年
福尾猛市郎『熊谷五右衛門』　熊谷敦義（私家版）　一九六〇年
田中彰『明治維新政治史研究』　青木書店　一九六五年
田中彰『幕末の藩政改革』　塙書房　一九六五年
横山昭男『上杉鷹山』　吉川弘文館　一九六八年
広島通商産業局宇部石炭支局編『山口炭田三百年史』　同支局　一九六九年
笠井助治『近世藩校における学統学派の研究』下巻　吉川弘文館　一九七〇年
御薗生翁甫『防長造紙史研究（復刻）』　マツノ書店　一九七四年

河村一郎『長州藩思想史覚書』 私家版 一九八六年
河村一郎『長州藩徂徠学』 私家版 一九九〇年
辻達也『日本の近世10 近代への胎動』 中央公論社 一九九三年
朝尾直弘・網野善彦・石井進・鹿野政直・早川庄八・安丸良夫編『岩波講座・日本通史』14巻近世4 岩波書店 一九九五年
田中誠二『近世の検地と年貢』 塙書房 一九九六年
小川國治『転換期長州藩の研究』 思文閣出版 一九九六年
小川國治編『山口県の歴史』 山川出版社 一九九八年
河村一郎『防長藩政期への視座』 私家版 一九九八年
田中誠二編『瀬戸内海地域史研究』七輯（特集・萩藩研究の新展開） 文献出版 一九九九年
小川國治・小川亜弥子『山口県の教育史』 思文閣出版 二〇〇〇年
山口県教育委員会文化財保護課編『萩藩宰判勘場跡』 山口県教育委員会 二〇〇一年
岸田裕之『大名領国の経済構造』 岩波書店 二〇〇一年
渡辺尚志編『幕末維新期萩藩村落社会の変動』 岩田書院 二〇〇二年
福尾猛市郎「長州藩宝暦改革の意義と地元資本の育成」『史学研究三十周年記念論叢』 広島史学研究会 一九六〇年
田中彰「長州藩における櫨と蠟」『日本産業史大系』七巻 東京大学出版会 一九六〇年

峰岸賢太郎「成立期藩経済の構造」『日本経済史大系』3　近世上　東京大学出版会　一九六五年
井上勝生・乾宏巳「長州藩と水戸藩」『岩波講座日本歴史』12巻・近世四　岩波書店　一九七六年
小川國治「長州藩経済政策と山代請紙制」『産業の発達と地域社会』溪水社　一九八二年
田中誠二「萩藩後期の藩財政」『山口大学文学会志』四九巻　一九九年年
田中誠二「萩藩天明山検地の研究」『瀬戸内海地域史研究』七輯　文献出版　一九九九年

（付記）

本書の編集中に穴井綾香氏の「萩藩撫育方の研究」（『瀬戸内海地域史研究』九輯　文献出版　二〇〇二年）と田中誠二氏の「萩藩後期の経済臣僚たち」（同上）が発表された。しかし、すでに、その作業が進行していたため、二論文の成果を反映させることが出来なかった。この二論文は、関係する部分があるので、参照を願いたい。

著者略歴

一九二六年生れ
一九六六年広島大学大学院文学研究科修士課程修了
一九六八年広島大学大学院文学研究科博士課程（国史学専攻）退学
山口大学教育学部教授、広島大学総合科学部教授を経て
現在、東亜大学大学院教授・山口大学名誉教授

主要著書
江戸幕府輸出海産物の研究　転換期長州藩の研究

人物叢書　新装版

毛利重就

二〇〇三年（平成十五）二月一日　第一版第一刷発行

著　者　小川國治（おがわくにはる）
編集者　日本歴史学会
代表者　平野邦雄
発行者　林　英男
発行所　株式会社吉川弘文館
東京都文京区本郷七丁目二番八号
郵便番号一一三—〇〇三三
電話〇三—三八一三—九一五一〈代表〉
振替口座〇〇一〇〇—五—二四四
印刷＝平文社　製本＝ナショナル製本

『人物叢書』(新装版)刊行のことば

人物叢書は、個人が埋没された歴史書が盛行した時代に、「歴史を動かすものは人間である。個人の伝記が明らかにされないで、歴史の叙述は完全であり得ない」という信念のもとに、専門学者に執筆を依頼し、日本歴史学会が編集し、吉川弘文館が刊行した一大伝記集である。

幸いに読書界の支持を得て、百冊刊行の折には菊池寛賞を授けられる栄誉に浴した。

しかし発行以来すでに四半世紀を経過し、長期品切れ本が増加し、読書界の要望にそい得ない状態にもなったので、この際既刊本の体裁を一新して再編成し、定期的に配本できるような方策をとることにした。既刊本は一八四冊であるが、まだ未刊である重要人物の伝記についても鋭意刊行を進める方針であり、その体裁も新形式をとることとした。

こうして刊行当初の精神に思いを致し、人物叢書を蘇らせようとするのが、今回の企図である。大方のご支援を得ることができれば幸せである。

昭和六十年五月

日本歴史学会

代表者　坂本太郎

〈オンデマンド版〉
毛利重就

人物叢書　新装版

2021年（令和3）10月1日　発行

著　者　小川國治（おがわくにはる）

編集者　日本歴史学会
代表者　藤田　覚

発行者　吉川道郎

発行所　株式会社　吉川弘文館
〒113-0033　東京都文京区本郷7丁目2番8号
TEL　03-3813-9151〈代表〉
URL　http://www.yoshikawa-k.co.jp/

印刷・製本　大日本印刷株式会社

小川國治（1936～）

ISBN978-4-642-75226-8